사르트르의
『지식인을 위한 변명』
읽기

세창명저산책 **113**

사르트르의
『지식인을 위한 변명』
읽기

초판 1쇄 발행　2026년 5월 4일

—

지은이　변광배
펴낸이　이방원
기획위원　원당희
책임편집　안효희　　**책임디자인**　양혜진
기획　김명희·박준성　　**마케팅**　최성수

—

펴낸곳　세창미디어

　신고번호 제2013-000003호　주소 03736 서울특별시 서대문구, 경기대로 58 경기빌딩 602호
　전화 02-723-8660　팩스 02-720-4579　이메일 edit@sechangpub.co.kr　홈페이지 http://www.sechangpub.co.kr
　블로그 blog.naver.com/scpc1992　페이스북 fb.me/Sechangofficial　인스타그램 @sechang_official

—

ISBN　978-89-5586-858-6 02160

세창명저산책

사르트르의 『지식인을 위한 변명』 읽기

JEAN-PAUL SARTRE

113

변광배 지음

세창미디어
MEDIA

약기

SVIII: Jean-Paul Sartre, *Situations, VIII*, Gallimard, 1972.

LES: Michel Contat & Michel Rybalka, *Les Ecrits de Sartre: Chronologie et bibliographie commentée*, Gallimard, 1970.

LM: Jean-Paul Sartre, *Les Mots, Les Mots et les autres écrits autobiographiques*, Gallimard, coll. Pléiade, 2010.

PI: Jean-Paul Sartre, "Plaidoyer pour les intellectuels", SVIII.

머리말

'지식인^{l'intellectuel}'! 사르트르의 이름에 항상 붙는 호칭이다. 좀 더 정확하게는 '참여 지식인^{l'intellectuel engagé}'이다. 어쨌든 지식인은 사르트르가 어떤 인물인지를 극명하게 보여 주는 호칭이라고 할 수 있다.

사르트르가 "지금과는 다른 세계, 지금보다 더 나은 세계^{un monde autre et mieux}"의 건설을 위해 활동했던 여러 분야에서의 모습, 가령 철학자, 소설가, 극작가, 에세이스트, 문학이론가, 문학평론가, 예술평론가, 정치평론가 등의 모습은 모두 이 지식인이라는 호칭으로 용해될 수 있을 것 같다. 또한 그를 규정하는 다른 표현들, 예컨대 자유의 철학자, 참여 작가, 노벨

문학상 수상을 거절한 작가, 20세기를 자신의 세기로 만든 사상가 등과 같은 표현들도 이 지식인이라는 호칭으로 포괄될 수 있을 것 같다.

20세기 프랑스 시인 오디베르티는 이런 지식인으로서의 사르트르를 "지성의 전방위에 있었던 밤의 감시자, 거대한 일꾼Tâcheron énorme, veilleur de nuit présent sur tous les fronts de l'intelligence"이라고 표현한 바 있다. 적절한 표현으로 보인다.

그런데 '지식인'이라는 호칭이 꼭 달가운 것만은 아니다. 특히 '지성知性' 또는 '지성인知性人'이라는 호칭과 비교될 때 그러하다. 물론 주위에 지식인다운 지식인, 곧 '참된' 지식인도 많다. 그럼에도 불구하고 지식인이라는 호칭은 자칫 '어용' 또는 '사이비'라는 단어와 결합하는 경우가 허다하다. 반면, 어떤 사람을 지성 또는 지성인이라고 칭할 때는 그가 지식인이면서도 한 시대의 정신을 구현한다는, 다른 사람들의 본보기라는 의미가 강하다. 흔히 도처에 지식인은 많이 있지만 지성인은 찾아보기 힘들다는 말을 듣곤 한다. 이 말에 함축된 의미가 바로 이런 대조라고 할 수 있다.

사르트르는 그 유명한 『지식인을 위한 변명Plaidoyer pour les

intellectuels』에서 지식인 문제를 본격적으로 다룬다. 이 책의 제목에 포함된 '변명plaidoyer'이라는 단어에 주목할 필요가 있다. 이 단어에는 모든 지식인이 참된 지식인이 아니라는 점이 함축되어 있다. 만일 모든 지식인이 참된 지식인이라면, 그들을 위한 변명이 필요하지 않을 것이다. 그렇지 않겠는가? 실제로 '위하여'라는 뜻을 가진 프랑스어 전치사 'pour'와 같이 사용되는 경우, 이 단어는 법정, 토론 등에서 불리한 상황을 유리하게 만들 목적으로 하는 일종의 방어, 옹호 ―『지식인을 위한 변명』의 일본어판 제목은 『知識人の擁護』(지식인의 옹호)이다―, 지지 등의 의미로 사용된다.

사르트르는 『지식인을 위한 변명』을 시작하면서 지식인들이 세계 곳곳에서 비난받고 있다고 진단한다. 그는 이런 진단으로부터 출발해 지식인들을 옹호하고자 한다. 이를 위해 그는 지식인은 누구인가, 지식인의 기능은 무엇인가, 지식인은 어떤 역할을 하는가, 지식인과 대중과의 관계는 어떤가, 작가는 지식인인가 등등의 문제를 제기하고, 이를 차례로 다루고 있다.

하지만 『지식인을 위한 변명』에 드러난 사르트르의 지식인 담론은 벌써 60여 년 전에 구축된 것이다. 이 책은 실제로 그가 1966년 일본을 방문했을 때의 세 차례 강연을 한데 모아 놓은 것이다. 그는 이 책에서 "고전적 지식인 l'intellectuel classique" 개념을 제시한다. 그런데 그는 그로부터 2년 후인 1968년 5월에 발발한 혁명(이하 68혁명)에 적극적으로 참여한 후, 이 지식인 개념을 버리고 "새로운 지식인 le nouvel intellectuel" 개념을 채택한다. 게다가 이 책이 출간되었을 때의 시대적 상황과 새로운 밀레니엄으로 접어들어 사반세기를 지나는 지금의 상황에는 큰 차이가 있다.

이런 상황에서 사르트르가 지금으로부터 60여 년 전에 제시한 지식인 담론에서 어떤 교훈을 얻을 수 있는지, 특히 문학이 이미지의 홍수 속에서 점차 그 힘을 잃어 가고 있는 상황에서 그의 작가-지식인론은 어떤 의미를 지니고 있는지 등의 질문을 제기하는 것은 『지식인을 위한 변명』이 오늘날 어떤 의미를 지니는지를 가늠해 보는 일과 긴밀하다. 이 저서를 읽으면서 이런 질문에 답함으로써 오늘날 죽음과 종언이 선언된, 하지만 그 필요성이 여전히 인정되는 지식인의 존재, 그 역할과 책임에 대한 성찰의 기회를 갖고자 한다.

이를 위해 여기에서는 가급적 『지식인을 위한 변명』의 내용을 직접 인용하면서 소개하고자 한다. 이렇게 하는 것은 이 책이 강연의 산물이라는 점을 최대한 부각하는 효과, 즉 강연에 참석해 사르트르의 목소리를 직접 듣는 것과 같은 효과와 제목에 '읽기'라는 단어를 포함하고 있는 "세창명저산책" 총서에서 내세운 본래의 취지에도 부합하는 효과를 거둘 수 있을 것으로 확신하기 때문이다.

2026년 4월

변광배

차례

머리말   005

1장   『지식인을 위한 변명』의 주변   013

    1.1. 단행본 출간   014

    1.2. 일본 방문과 세 차례의 강연   017

    1.3. 시대적 배경   023

2장   제1강연: 지식인이란 무엇인가   035

    2.1. 지식인이 처한 상황   036

    2.2. 지식인이란 무엇인가   042

3장   제2강연: 지식인의 기능   065

    3.1. 모순   066

    3.2. 지식인과 대중   082

    3.3. 지식인의 역할   089

4장 제3강연: 작가는 지식인인가   **105**

  4.1. 문제의 제기   108

  4.2. 논의의 범위   110

  4.3. 일상어: 대조되는 두 가지 사용법   114

  4.4. 문학작품의 의미 내용과 침묵   127

5장 지식인 개념의 변화   **159**

  5.1. 사르트르와 68혁명   160

  5.2. 68혁명 이후: "새로운 지식인"   179

  맺음말   205

  참고문헌   220

1장

『지식인을 위한 변명』의 주변

　『지식인을 위한 변명』 읽기 작업을 시작하기 전에 이 책의 주변을 둘러보고자 한다. 이를 위해 이 책의 단행본 출간까지의 과정, 일본 방문 중에 행해진 세 차례의 강연과 그 분위기, 이 강연이 행해진 배경, 즉 일본 방문 전후에 사르트르가 처해 있던 국내외적 상황 등에 대해 간략하게 살펴볼 것이다. 이 작업은 『지식인을 위한 변명』 읽기를 위한 예비 작업에 해당한다고 할 수 있다.

1.1. 단행본 출간

『지식인을 위한 변명』은 사르트르가 1966년 9월 18일부터 10월 16일까지 28일 동안 지적 동지이자 인생의 동반자 보부아르[1]와 함께 일본을 방문해 도쿄와 교토에서 했던 세 차례의 강연 내용을 한데 묶어 놓은 것이다.[2] 이 방문은 게이오대학과 『サルトル全集』(사르트르 전집)을 번역 출간한 짐분쇼인人文書院 출판사의 초청으로 이루어졌다. 사르트르는 9월 20일, 22일, 29일에 한 차례씩 총 세 차례에 걸쳐 강연을 했다.

프랑스에서 이 세 차례의 강연은 한데 묶여 6년 후인 1972

----

1   보부아르도 사르트르와 마찬가지로 세 차례 강연을 했다. 그 제목은 각각 "오늘날 여성의 상황(Situation de la femme d'aujourd'hui)", "나의 작가 체험(Mon expérience d'écrivain)", "여성과 창작(La femme et la création)"이다. 이 세 차례의 강연 내용은 『시몬 드 보부아르의 저작들(Les Ecrits de Simone de Beauvoir)』(Claude Francis & Fernande Gonthier, Gallimard, 1979, pp.422-474)에 실려 있다.

2   사르트르와 보부아르의 일본 방문에 대해서는 다음 책을 참고하라. Simone de Beauvoir, *Tout compte fait*, Gallimard, coll. Folio, 1972(Chap. V: pp.343-386); 朝吹登水子, 『サルトル, ボーヴォワールとの28日間-日本』, 同明舍出版, 1991.(이 책의 프랑스어 번역본은 1996년에 출간되었다. Asabuki Tomiko, *Vingt-huit jours au Japon avec Jean-Paul Sartre et Simone de Beauvoir. Beauvoir et les femmes japonaises* (18 septembre-16 octobre 1966), L'Asiathèque-Maison des langues du monde, 1996.)

년 『상황*Situations*』 제8권의 'IV. 지식인^{Les intellectuelles}' 부분에 "Plaidoyer pour les intellectuels"이라는 제목으로 처음 출간되었다.[3] 'IV. 지식인' 부분에는 "지식인을 위한 변명" 외에도 "인민의 친구^{L'ami du peuple}"라는 제목의 대담이 실려 있다. 이 대담은 1970년 10월 사르트르가 팜플렛형 신문 『리디오 앵테르나쇼날*L'Idiot international*』과 가진 대담 내용을 재수록한 것이다. 그리고 "지식인을 위한 변명"이라는 제목하에 한데 모아 놓은 세 차례의 강연 앞에 일종의 서문이라고 할 수 있는 짧은(2쪽) 글이 놓여 있다.[4]

이렇게 『상황』 제8권에 실렸던 세 차례의 강연은 1972년 프랑스의 갈리마르^{Gallimard} 출판사 "이데^{Idées}" 총서(nº 274)에서 *Plaidoyer pour les intellectuels*이라는 단행본으로 출간되었다.

---

3   일본에서 했던 강연 내용과 『상황』 8권에 수록된 내용 사이에 약간의 차이가 있다. 하지만 미미한 차이여서 여기에서는 이 점을 고려하지 않는다.

4   Jean-Paul Sartre, *Situations, VIII*, Gallimard, 1972, pp.373-374.(이 책은 아래에서 SVIII로 약기한다.) 이 글에서 사르트르는 일본에서 했던 세 차례의 강연을 한데 모아 놓은 "지식인을 위한 변명"에서 제시된 지식인 개념을 고전적 지식인으로 규정하고 있으며, 68혁명 이후의 새로운 상황을 고려해 이 지식인 개념의 한계를 간단히 지적하고 있다.

또한 이 책은 2020년 같은 출판사의 "폴리오 에세Folio/Essais" 총서(n° 662)에서 제라르 느와리엘Gérard Noiriel의 '서문Préface' — 제목은 "아직도 지식인을 구할 수 있는가Peut-on encore sauver les intellectuels?"이다— 과 함께 다시 출간되었다. 이 판본에서는 『상황』제8권과 1972년 출간된 단행본에서 볼 수 있는 하나의 오류를 바로잡고 있다. 사르트르가 일본을 방문해 세 차례 강연을 한 것이 '1965년'이 아니라 '1966년'이라는 사실이 그것이다.[5]

---

[5] 이 오류는 우리말 번역본에도 그대로 드러나 있다. 이는 번역을 위해 저본(底本)으로 삼은 『상황』제8권에 포함된 "지식인을 위한 변명"과 1972년 단행본 판본에 강연 연도가 '1965년'으로 표기되어 있기 때문일 것이다. 하지만 우리말 번역본의 오류에도 약간의 차이가 있다. 번역자인 조영훈(사르트르, 『지식인을 위한 변명』, 한마당, 1996(1979), 3쪽), 방곤(장뽈 사르트르, 『지식인을 위한 변명』, 보성출판사, 1989(1985), 3쪽), 박정태(장폴 사르트르, 『지식인을 위한 변명』, 이학사, 2007, 6쪽(일러두기))는 강연 연도를 1965년으로 표기하고 있는 반면, 박정자(장뽈 사르트르, 『지식인이란 무엇인가』, 안산출판사, 1986, 197쪽(역자 해설))는 1968년이라고 표기하고 있다. 다만, 방곤은 '옮긴이의 말'에서 강연 연도를 1966년으로 표기하고 있다.

1.2. 일본 방문과 세 차례의 강연

사르트르와 일본과의 인연은 의외로 깊다. 그가 고등사범 학교 재학 중에 후일 교토대학 교수가 되는 일본인 슈조 쿠키 Shûzo Kuki를 알게 되어 그에게 한 달 동안 프랑스 철학에 대해 개인 과외를 했으며, 그를 통해 후설[6]과 하이데거, 특히 『존재와 시간Sein und Zeit』을 알게 되었다고 한다. 쿠키가 두 철학자 에게서 철학을 배웠기 때문이다.[7] 또한 사르트르는 1929년 철

------

6 하지만 사르트르가 후설과 그의 현상학에 관심을 갖게 된 것은 아롱을 통해서 라는 것이 정설이다. 1932년부터 1933년까지 아롱은 베를린 소재 프랑스연구 소(Institut français)에 머물렀는데, 1933년에 파리에 왔을 때 그가 사르트르와 보부 아르를 만나 후설과 그의 현상학에 대해 이야기했다는 것이 보부아르의 증언이 다.(Simone de Beauvoir, *La Force de l'âge*, Gallimard, 1960, pp.141-142.)

7 Cf. *Dictionnaire Sartre*, (sous la direction de François Noudelmann et Gilles Philippe), Honoré Champion, 2004, p.259; F. de Towarnick, "Quand Sartre découvrit Husserl et Heidegger", *Magazine ittéraire*, n° 320, avril 1994, p.45.(이 두 자료에는 약간의 차이가 있 다. 사르트르가 쿠키를 만난 해가 각각 1926년, 1927년이고, 쿠키의 이름도 각각 슈조 쿠키와 백작 쿠키(comte Kuki)이며, 또 쿠키가 사르트르에게 개인 과외를 받았다기보다는 고등사범학 교의 강의를 들었다는 것이다.) 또한 사르트르는 일본 가면(假面)을 통해 의식의 내부 가 텅 비어 있다는 것을 보여 주고 있기도 하다. 어떤 사람이 이 가면을 보고 두려 움을 느끼는 것은, 이 두려움을 일으키는 속성들이 의식 내부가 아니라 외부 대상 인 가면 속에 있다는 것이다.(Jean-Paul Sartre, "Une idée fondamentale de la phénoménologie de Husserl: L'intentionnalité」, *Situations, I*, Gallimard, 1947, p.32.)

학 교수자격시험에 합격하고 난 뒤에 군복무를 마치고 나서 1931년 10월부터 불일연구소Institut franco-japonais에서 프랑스어를 가르칠 수 있는 자리에 지원한다. 하지만 이 지원은 받아들여지지 않았고, 그로 인해 그와 일본과의 인연은 뒤로 미뤄졌다. 인연이 다시 이어지기 위해서는 1966년을 기다려야 했다. 하지만 그해 전에 일본에서는 이미 그의 사상과 문학이 활발하게 수용되고 있었다.

일본에서의 사르트르 수용은 1938년으로까지 거슬러 올라간다. 『누벨 르뷔 프랑세즈Nouvelle Revue Française』 1937년 7월호(nº 286)에 실렸던 단편 「벽Le Mur」이 그 이듬해에 일본에서 번역, 출간되었다.[8] 또한 그해에 출간된 『구토La Nausée』가 부분적으로 번역되었다. 이렇게 시작된 일본에서의 사르트르 수용은 특히 2차 세계대전의 종전과 더불어 가속화된다. 이 전쟁에서 각각 승전국과 패전국이 되어 다른 운명을 맞이했지

---

8   우리나라에서는 이 단편이 1948년에 번역되었으며, 이것이 사르트르의 수용의 첫 사례가 된다. 1948년부터 2007년까지의 사르트르 수용에 대해서는 다음 자료를 참고하라. 강충권 외, 『실존과 참여: 한국의 사르트르 수용 1948-2007』, 문학과지성사, 2012.

만, 프랑스와 마찬가지로 일본 역시 전쟁으로 인한 폐허의 극복과 특히 정신적 재건을 위해 노력하고 있었다. 이런 상황에서 무신론적 실존주의를 내걸고 인간의 자유, 기투, 선택, 책임 등을 강조하고, 작가의 사회 참여를 강조하는 사르트르의 문학과 사상은 일본에서 큰 반향을 일으켰다.

사르트르의 철학과 문학에 대한 관심이 급증하면서 짐분쇼인 출판사는 그의 전집 번역 출간을 1965년까지 완료한다는 계획을 세웠다. 그 결과 세계에서 최초이자 유일하게 사르트르 전집이 1966년 일본어로 번역 출간되었다. 이를 기념하기 위해 이 출판사는 사르트르에게 일본 여행을 제안했고, 그는 이를 받아들였다.

2차 세계대전 후에 경제적 재건에 성공한 일본은 1964년 도쿄 올림픽을 개최하고, 이어서 이해에 노벨문학상 수상 작가로 선정되었으나 이 상의 수상을 거부함으로써 세계적인 명성을 한층 드높였던 사르트르를 초청하고자 했다. 이를 통해 일본은 전쟁의 참화를 극복한 모습을 전 세계에 과시하는 한편, 문화적인 측면에서도 세계의 중심에 서고자 하는 희망을 피력했다고 할 수 있을 것 같다.

사르트르의 일본 방문은 1965년부터 추진되었으나 일정 조정 등으로 인해 1966년에 이뤄졌다. 그의 체류 일정은 크게 기자회견, 강연, 토론회 참석 등으로 짜여 있었다.[9] 1966년 9월 16일 하네다 공항에 도착해서[10] 가진 입국 기자회견과 1966년 10월 16일 일본을 떠나면서 가진 고별 기자회견, 지식인을 주제로 한 세 차례의 강연, 원자폭탄이 투하되었던 히로시마 방문과 베트남 전쟁에 반대하는 모임인 '베평련ベ平へい連れん'[11]에서의 토론회 등이 그것이다. 물론 모든 일정 중에서 가장 중요한 것은 『지식인을 위한 변명』의 내용을 이루는 세 차례에 걸친 강연이었다.

---

9 여기에서 제시된 사르트르의 일본 체류에 대한 상세한 내용과 그 의의 등에 대해서는 다음 논문에서 많은 도움을 받았다. 양아람, 「1966년 장 폴 사르트르(Jean-Paul Sartre)의 일본 방문과 일본의 사르트르 수용」, 『대동문화연구』, 108, 대동문화연구원, 2019, 451-488쪽.

10 보부아르는 사르트르와 함께 일본을 방문할 때 몇 명의 프랑스 상원 의원이 같은 비행기를 탔는데, 공항에 도착했을 때 이들 상원 의원은 푸대접을 받은 반면, 사르트르와 자기는 대대적인 환영을 받았다고 회상하고 있다.(Simone de Beauvoir, *Tout compte fait, op. cit.*, p.346.)

11 1965년 일본에서 베트남 전쟁 반전 및 반미 단체로 발족된 "베트남에 평화를! 시민문화단체연합(ベトナムに平和を! 市民文化団体連合)"을 가리킨다. '베평련'은 이 단체의 약칭이다. 1966년에 "베트남에 평화를! 시민연합"으로 개칭되었다.

처음 방문이 거론될 때 예정되었던 강연 주제는 "문학과 언어", "작가와 정치 참여", "연극에 대하여"였다. 하지만 프랑스의 지식인들이 처한 상황과 일본의 지식인들이 처한 상황이 비슷하고, 특히 방문이 거론될 무렵에 일본 지식인들의 주요 관심사가 반핵 투쟁과 원폭 피해 문제, 그리고 베트남 전쟁 반대 등과 같이 당시에 사회적, 정치적으로 큰 관심을 끌고 있는 이슈임을 고려해 강연 주제를 지식인 문제로 바꿨다.[12]

첫 번째 강연의 제목은 "지식인이란 무엇인가Qu'est-ce qu'un intellectuel?"였다. 이 강연은 9월 20일 도쿄 미타에 있는 게이오대학에서 열렸다. 800석 규모의 원형극장이 꽉 들어찼고, 12개 강의실에서 텔레비전을 통해 6,000여 명이 강연을 들었다. 청중들은 방문을 환영하는 플래카드와 베트남 전쟁에 반대하는 플래카드를 들고 사르트르를 열렬히 환영했다. 이 강연은 게이오대학 창립 이래 최대 규모의 행사였다.

---

12 곧이어 보겠지만, 사르트르가 강연 주제를 지식인 문제로 바꾼 것이 꼭 그 무렵의 국제사회적, 국제정치적 문제에서만 기인한 것은 아닌 것 같다. 주제의 변경에는 그 당시 그가 프랑스에서 겪고 있었던 지식인으로서의 위상 추락과 이에 대한 그의 응수도 어느 정도 그 요인으로 작용한 것으로 보인다.

두 번째 강연은 다양한 문화 행사가 개최되던 도쿄 소재 공공시설인 히비야 공회당에서 열렸다. 청중은 30,000명의 지원자 중에서 추천으로 선발된 2,000명이었다. 주제는 "지식인의 기능Fonction de l'intellectuel"이었다. 세 번째 강연은 9월 27일 교토회관에서 열렸다. 주제는 "작가는 지식인인가L'écrivain est-il un intellectuel?"였다. 언론에서는 사르트르와 보부아르를 묶어 "지식의 비틀즈Beatles du savoir"[13]로 소개했다. 이는 일본에서 두 사람의 명성과 인기가 어느 정도였는지를 짐작할 수 있는 단적인 증거이다.

일본에서는 세 차례의 강연이 1967년『知識人の擁護』라는 책으로 짐분쇼인 출판사에서 번역 출간되었다. 프랑스보다도 5년 빠른 것이었다. 그리고 사르트르의 강연과 관련해 아사히신문사가 1966년 11월호 잡지『아사히 소노라마』에서 사르트르 특집호를 기획하고, 그의 방일을 정리함과 동시에 강연을 소개하면서 사르트르의 공항 기자회견과 첫 번째 게이오대학

---

13 Jean-Paul Sartre, *Plaidoyer pour les intellectuels*, Gallimard, coll. Folio/Essais, 2020(Préface de Gérard Noiriel), p.14.

강연을 직접 녹음한 레코드를 잡지와 같이 판매했다는 사실은 특기할 만하다. 레코드 A면에는 하네다 공항 입국 기자회견이, 레코드 B면에는 1차 강연 내용이 녹음되었다.

1.3. 시대적 배경

이렇듯 『지식인을 위한 변명』은 사르트르가 1966년 9월 18일부터 10월 16일까지 28일 동안 이루어진 일본 방문 중에 했던 세 차례의 강연을 모아 단행본으로 출간한 책이다. 그렇다면 일본을 방문한 1966년 무렵에 그는 어떤 상황에 처해 있었을까? 이 질문은 그가 세 차례의 강연을 하게 된 시대적 배경을 묻는 질문에 다름 아니다.

이 질문에 답을 미리 하자면 사르트르는 그 시기에 세계에서 가장 유명한 지식인으로 큰 명성을 누리고 있었지만, 프랑스 내에서는 오히려 지적 헤게모니의 상실로 인해 내적 위기의 상황에 처해 있었다. 이런 상황에서 그는 자신의 활동을 되돌아보면서 지식인에 대해, 좀 더 정확하게 말하자면 지식인으로서 수행해 온 자신의 활동에 대해 정리할 필요성을 강하게 느꼈던 것으로 보인다.

일본을 방문했던 1966년 당시 사르트르는 61세였다. 그는 2년 전에 노벨문학상 수상 작가로 선정되었으나, 이 상의 수상을 거절했다. 이를 계기로 그의 작가, 지식인으로서의 명성은 더 높아졌다고 할 수 있다. 일본을 방문한 시기에도 그의 국제적인 명성은 전혀 수그러들지 않았다. 일본 방문 전에도 그는 식민지주의와 제국주의의 발호에 반대 입장을 강하고도 뚜렷하게 표명했다.

가령, 사르트르는 "121인 선언" —"알제리 전쟁에서의 불복종 권리 선언Déclaration sur le droit à l'insoumission dans la guerre d'Algérie"—을 통해 알제리 전쟁에 반대했고, 베트남 전쟁에 대한 반대 의지를 표명한 러셀 법정Tribunal Russell에 참여했으며, 공산주의의 "동반자compagnon de route"를 자처했음에도 1956년 헝가리를 침공한 소련을 강하게 비판하기도 했다. 또한 아프리카 여러 나라의 독립과 남아메리카와 아시아 대륙의 여러 나라의 민주화를 지지하면서 많은 청원과 선언에 서명했다. 이런 활동의 결과로 사르트르는 일본에서 다른 나라들에 비해 훨씬 많은 독자를 확보하고 있었다.

하지만 이런 국제적인 명성과는 달리 프랑스 내에서 사르트르의 지식인으로서의 위상은 많이 추락한 상황이었다. 그는 1966년 무렵에 이미 "한물간 사람un has-been"[14] 취급을 받았다. 다시 말해 그는 일종의 지적 위기의 시기를 지나고 있었던 것이다. 그 요인은 크게 다음 두 가지라고 할 수 있다. 철학에서 실존주의에서 구조주의로의 패러다임 전환, 문학에서 참여 문학의 퇴조와 탈참여를 강조하는 누보로망Nouveau Roman과 텔켈Tel quel 그룹의 부상이 그것이다.[15]

---

14 Annie Cohen-Solal, *Sartre 1905-1980*, Gallimard, 1985, p.574.

15 여기에 알튀세르가 마르크스주의에 대한 과학적 독법을 중심으로 제시한 구조주의적 해석, 프로이트에게로의 회귀를 기치로 내건 라캉의 정신분석에서 볼 수 있는 무의식 개념에 의한 주체의 해체, 그리고 드골을 중심으로 한 우파 정권의 집권과 그로 인한 정치적 안정을 덧붙일 수 있을 것이다. 알튀세르는 소련 중심의 교조주의화된 마르크스주의와 그에 대한 반발로 나타난 인간주의적 마르크스주의를 거부하고, 마르크스의 저작에 대한 새로운 읽기와 해석을 통해 마르크스주의를 '이데올로기'가 아닌 '과학'으로 파악하고자 했다. 이런 알튀세르의 노력으로 인해 1950년대에 마르크스주의를 "뛰어넘을 수 없는 철학(philosophie indépassable)"으로 여겼던 사르트르의 위상은 점차 추락하게 된다. 또한 정신분석과 관련해 사르트르는 처음에 무의식 개념을 받아들이지 않았다. 물론『존재와 무(L'Etre et le néant)』에서는 프로이트를 비판적으로 수용하면서 "실존적 정신분석(psychanalyse existentielle)"을 정립하고, 또『집안의 천치(L'Idiot de la famille)』에서 플로베르를 연구하면서 무의식 개념을 "체험된 것(le vécu)"이라는 개념으로 수용한다. 사르트르가 이처럼 정신분석에 대해 주저하는 태도를 보이는 동안, 라캉을 중심으로 한 정신분석이 파리 지

먼저 실존주의의 퇴조와 구조주의의 부상을 보자. 2차 세계대전의 종전과 더불어 프랑스 지성계를 휩쓴 사조는 실존주의이다. 좀 더 구체적으로는 사르트르를 중심으로 한 무신론적 실존주의이다. "실존주의의 교황Pape de l'existentialisme"이라고까지 불렸던 그는 그 시기로부터 최소한 1964년까지는 "건드릴 수 없는 사람L'Intouchable"[16]이었다. "실존주의는 휴머니즘이다L'Existentialisme est un humanisme"라는 제목의 강연을 계기로 파리 지성계의 헤게모니를 장악한 그가 주창한 실존주의는 자기 창조, 의미 생산, 자유, 책임 등을 전면에 내세우며 만물의 영장으로서의 인간을 다시[17] 세계의 중심에 세우고자 했다.

성계의 무대 전면으로 나서게 된다. 한편, 드골은 1958년 정권을 장악하고 제5공화국을 선포했으며, 1962년에 알제리 독립을 인정하는 에비앙 협정을 국민 투표에 의해 가결함으로써, 약 7년에 걸친 알제리 전쟁을 평화적으로 해결했다. 그로부터 68혁명으로 인해 드골이 대통령직에서 물러날 때까지 프랑스는 약 10년 동안 비교적 정치적 안정을 구가한다. 이런 안정으로 인해 드골과 대립각을 세우며 그를 비판했던 사르트르의 비판적 목소리도 점차 힘을 잃게 된다.

16 코엔솔랄이 사용한 표현이다. 이 표현은 그녀가 쓴, Sartre, 1905-1980이라는 제목이 붙은 평전의 한 장(章)의 제목이기도 하다.

17 여기에서 '다시'라는 표현은 주목을 요한다. 서구 사상사를 일별하면, 크게 신과의 관계에서 인간의 독립, 사유의 주체, 곧 코기토(cogito)의 주체로서의 인간의 위상 정립, 이런 위상의 추락, 인간의 죽음과 주체의 죽음 선언 등으로 요약할 수 있을

1943년 출간된 『존재와 무』가 그 결과물이다. 또한 사르트르는 인간이 지닌 "사회적, 역사적 존재l'être social et historique"로서의 위치를 고려해 실존주의, 마르크스주의, 정신분석 등을 결합해 "구조적, 역사적 인간학anthropologie structurelle et historique"의 정립을 시도했다. 1960년 출간된 『변증법적 이성 비판Critique de la raison dialectique』에 이 인간학의 전체 윤곽이 잘 드러나 있다.

하지만 1960년대에 프랑스 철학에서는 구조주의가 주요 담론으로 자리 잡게 된다. 언어학과 기호학, 특히 인류학 분야에서 큰 성과를 거둔 구조주의는 1962년 레비스트로스의 『야생의 사고La Pensée sauvage』의 출간을 계기로 철학계를 위시해 파리 지성계의 무대 전면에 등장한다. 사르트르가 내세웠

것 같다. 리쾨르의 용어를 빌자면, 이 과정은 "고양된 코기토(cogito exalté)"에서 "상처 입은 또는 모욕당한 코기토(cogito blessé ou humilié)"로의 이행이라고 할 수 있다. 특히 1, 2차 세계대전으로 인해 수천만 명이 목숨을 잃은 상황에서 인간의 가장 잔인한 모습, 가장 비인간적인 모습, 가장 동물적인 모습을 보았던 사르트르는 '다시' 인간을 '의식(conscience)'의 담지자로 내세우고, 이를 통해 세계의 존재들에 대해 거리를 펼치고 의미를 부여하면서 그 중심에 서 있는 주체로 여기고 있으며, 나아가 역사 형성의 주체로 여기고 있다.

던 인간의 만물의 영장으로서의 지위, 인간의 의미 생산자로서의 지위에 의문이 제기되고, 급기야 모든 것은 '구조', 즉 하나의 전체를 이루고 있는 부분과 부분 사이의 관계, 전체와 부분들 사이의 관계에 의해 결정된다는 주장이 펼쳐진다. 역사 형성의 주체로서의 인간의 역할도 축소되고 부정된다.[18]

이렇듯 사르트르가 일본을 방문한 1966년에 구조주의는 그 "절정apogée"[19]에 달했다고 할 수 있다. 한 연구자는 이런 구조주의가 사르트르를 "매장시키고자enterrer"[20] 했다고 말하고 있을 정도이다. 요컨대 그는 구조주의자들이 물리쳐야 할 첫 번째 공적이었던 셈이다. 뒤에서 다시 보겠지만, 1966년

---

18 이런 분위기 속에서 1964년부터 1968년 사이에 라캉, 푸코, 데리다, 들뢰즈 등의 주목할 만한 저서들이 출간된다. 『에크리(*Ecrits*)』(1966), 『말과 사물(*Les Mots et les choses*)』(1966), 『그라마톨로지(*De la grammatologie*)』(1967), 『글쓰기와 차이(*L'Ecriture et la Différence*)』(1967), 『차이와 반복(*Différence et répétition*)』(1968) 등이 그것이다. 이 저서들은 구조주의의 정점에서 그 단점을 보완하면서 이른바 탈구조주의(post-structuralisme)로의 이행을 촉진하게 한다.

19 François Dosse, *Histoire du structuralisme*, t. I: *Le champ du signe, 1945-1966*, Le Livre de poche, coll. Biblio/Essais, 1995, p.368.

20 Michel Contat & Michel Rybalka, *Les Ecrits de Sartre: Chronologie et bibliographie commentée*, Gallimard, 1970, p.462. (이하 LES로 약기한다.)

으로부터 2년 후에 발발한 68혁명은 "'사르트르' 혁명révolution 'sartrienne'"[21]으로 불리며, 구조주의에 대한 그의 "반격revanche"[22] 으로 여겨진다. 어쨌든 1966년을 기점으로 프랑스 내에서 사르트르의 지적 명성이 현저하게 떨어지게 된 것은 부인할 수 없는 사실이다.

프랑스에서 사르트르의 지식인으로서의 위상이 현저하게 떨어진 두 번째 원인은 문학 흐름의 변화에서 찾아볼 수 있다. 그가 2차 세계대전 직후에 참여 문학론을 전개했다는 사실은 잘 알려져 있다. 문학이 피억압 계급, 즉 프롤레타리아 계급에 속하는 이들의 삶의 조건의 개선과 해방에 기여해야 한다는 취지의 문학이 그것이다. 하지만 1950년대 중반부터 이런 문학의 경향을 성토하면서 이른바 탈참여의 기치를 높

---

21 Epistémon, *Ces idées qui ont ébranlé la France*, Fayard, 1968, p.76.(LES, p.461에서 재인 용했다.) 영어권에서는 "Sartrian rebellion"이라고 표현한다.(Ronald Hayman, *Sartre. A Life*, Simon and Suster, 1987, p.415.)

22 Cf. François Dosse, "Mai 1968 ou la revanche de Sartre", in *Philosophie magazine*, mise en page le 27/03/2008.
http://www.philomag,com/les-ides-grands-auteurs-mai-68-ou-la-revanche-de-sartre-4423

이 든 문학이 등장했다. 누보로망과 텔 켈 그룹 등이 내세운 문학이 그것이다.[23]

누보로망은 근대소설에 대항해 줄거리, 서사, 인물, 시간 등의 해체를 주장[24]하고 나선 일군의 작가[25]에 의해 대표되었고, 이들은 글쓰기의 실험성과 언어의 모험을 강조했다. 또한 1960년 창간된 문학잡지 『텔 켈』을 중심으로 활동했던 솔레르

---

23 이와 관련해 1964년 한 문학 토론회에 참석했던 사르트르에 대한 다음과 같은 증언은 많은 것을 시사해 준다고 하겠다. "1963년, 1964년에 사르트르의 이미지는 프랑스 지식인 진영에서 현저하게 변했다. 가끔 어떤 이들은 변화가 민감하게 느껴졌던 순간을 추정하는 것조차 가능했다. 1964년 12월 9일, 뮈튀알리테(Mutualité)에서 열렸던 토론회서였을까? 『클라르테(Clarté)』 신문사가 주최한 토론회의 주제는 '문학은 무엇을 할 수 있는가(Que peut la littérature?)'였다. 그 토론회에는 사르트르와 카스토르[보부아르의 애칭] 이외에도 장 리카르두, 장 피에르 파예와 같은 텔 켈 그룹의 작가들과 이브 베르제, 조르주 상프롱과 같은 사람들이 참가했다. 그해에 루이르그랑(Louis le Grand)고등학교에서 고등사범학교 준비반 2년차 학생이었던 루이 오디베르는 이렇게 이야기하고 있다. '그때 사람들은 사르트르가 영광의 절정에 있다는 인상을 받았다. 그가 단상에 오르자, 사람들은 그를 박수갈채로 열렬히 맞이했다. 하지만 동시에 사람들은 그가 가령 미셸 푸코와 같은 다른 사람들에게 밀려나고 있음을 느꼈다.'"(Annie Cohen-Solal, *op. cit.*, p.574.)

24 누보로망의 이론에 대해서는 다음을 참고하라. Alain Robbe-Grillet, *Pour un nouveau roman*, Minuit, 1963.

25 이 그룹에 속하는 작가로는 알랭 로브그리예, 클로드 시몽, 나탈리 사로트, 미셸 뷔토르, 로베르 팽제, 마르그리트 뒤라스 등을 꼽을 수 있다.

스, 바르트, 크리스테바 등은 문학의 전위성과 형식주의를 통한 탈참여를 강조했으며, 푸코, 데리다 등도 이 그룹에 적극 협조했다.[26]

뒤에서 다시 보겠지만, 이런 문학의 흐름과 관련해 바르트의 '글쟁이écrivant'와 '작가écrivain'의 구분은 특히 주목할 만하다. 그에 의하면 전자는 동사 '쓰다écrire'를 타동사로 여기면서 정보를 전하는 가짜 작가를 가리키는 반면, 후자는 같은 동사를 자동사로 간주하면서 문학의 자율성과 형식을 중시하는 참된 작가를 가리킨다.[27] 바르트를 위시해 누보로망 작가들과 이론가들은 사르트르의 참여 문학과 여기에 동조하는 참여 작가를 글쟁이에 속한다고 비판하고 있다.

문학에서의 이런 흐름의 변화로 인해 사르트르는 작가로서의 전체 경력을 되돌아보는 기회를 갖게 된다. 그 결과물이 바로 노벨문학상 수상 작가로 선정된 1964년 출간된 『말

---

26 하지만 텔 켈 그룹은 1970년대에 들어서는 소렐르스가 마오주의로 경도되어 정치색을 강하게 띠게 되었다.

27 Cf. Roland Barthes, *Essais critiques*, Seuil, 1964, pp.147-154.

Les Mots』이다. 그는 이 작품을 통해 "문학에 대한 작별adieu à la littérature"을 선언한다. 좀 더 구체적으로 이 작품에서 그는 1938년 출간된 『구토』에서 제시된 문학을 통한 '구원salut'의 가능성에 대한 집착이 신경증의 소산이라고 밝힌다.[28] 또한 『말』의 출간에 이은 한 인터뷰[29]에서 『구토』는 아프리카 대륙의 굶어죽어 가는 아이들에게 아무런 도움이 되지 못한다고 털어놓고 있다.[30]

이처럼 1966년 이전에 사르트르가 처해 있던 프랑스 지성계의 상황을 고려하면, 『지식인을 위한 변명』은 단순히 그가 일본을 방문하는 기회에 갑자기 기획한 강연을 한데 모아놓은 책으로 여길 수만은 없을 것 같다. 실제로 이 책의 의의는 그의 문학에서 『말』이 차지하고 있는 의의와 비교할 수 있지 않을까 한다. 그러니까 『말』이 문학에 대한 작별을 선언하

---

28 Jean-Paul Sartre, *Les Mots, Les Mots et les autres ecrits autobiographiques*, Gallimard, coll. Pléiade, 2010, p.137.(이하 LM으로 약기한다.)

29 Jacqueline Piatier, "Jean-Paul Sartre s'explique sur *Les Mots*", (interview), *Le Monde*, 18 avril 1964.

30 뒤에서 다시 보겠지만, "작가는 지식인인가"라는 제목의 주제로 행한 세 번째 강연에서 사르트르는 참여 문학의 문제를 다시 거론한다.

면서 자신의 작가로서의 모습에 대한 반추反芻인 것처럼, 『지
식인을 위한 변명』은 지식인으로서의 자신의 과거, 현재 활동
에 대한 일종의 반성적인 성찰과 평가, 그리고 특히 1960년대
들어서 정점에 달한 자신의 지식인으로서의 위상을 위협했던
여러 요소에 대한 응답, 나아가 반론의 성격을 띠고 있다고 할
수 있을 것 같다.

2장

제1강연:
지식인이란 무엇인가

앞 장에서 행해진 예비적 고찰을 염두에 두고 이제 『지식인을 위한 변명』 읽기 작업을 본격적으로 시작해 보자. 이 책에 수록된 세 차례의 강연 순서를 따라 이 작업을 수행하게 될 것이다. 첫 번째 강연은 사르트르의 일본 도착 이틀 후인 9월 20일 게이오대학에서 많은 청중이 참가한 가운데 진행되었다고 했다. 주제는 "지식인이란 무엇인가"였다.

이 주제는 두 부분으로 구성되어 있다. "지식인이 처한 상황"과 "지식인이란 무엇인가"가 그것이다. 그런데 "지식인이란 무엇인가"라는 주제는 오히려 "지식인이란 누구인가"로 이해하는 것이 더 적절하지 않을까 생각한다. 그도 그럴 것이 사르트르는 이 질문에 답하면서 지식인이 어떤 존재인가를 묻고 있기 때문이다. 사르트르가 제시하고 있는 지식인의 상황을 보고, 이어서 지식인이란 어떤 존재인가의 문제를 보도록 하자.

2.1. 지식인이 처한 상황

앞에서 두 가지 사실을 언급한 바 있다. 하나는 사르트르가 일본 방문 일정을 조정하면서 주제를 지식인에 관련된 문제로 바꿨다는 것이었다. 다른 하나는 "지식인을 위한 변명"이라는 제목에 포함된 변명이라는 단어의 의미에 관련된 것이었다. 앞의 사실과 관련해 사르트르가 주제를 바꾼 것은 프랑스와 일본의 지식인들이 처한 상황이 비슷했고, 또 베트남 전쟁과 핵무기 사용에 대한 반대 여론이 비등했기 때문이라는 사실을 지적한 바 있다. 뒤의 사실과 관련해서는 그 당시 지식인들이 처한 상황이 그들에게 불리하게 돌아가고 있었다는 사실이 전제되어 있다는 사실도 지적한 바 있다.

사르트르는 첫 번째 강연을 1960년대 지식인이 처한 상황을 제시하는 것으로 시작한다. 그에 의하면 지식인들은 "죄인coupables" 취급을 받고 있다. 프랑스도 일본도 예외가 아니다. 이는 전 세계적으로 공통된 현상이라는 것이다.

지식인들에게 가해지는 사람들의 비난만을 생각해 보면 지식인들은 엄청난 죄인들임에 틀림없습니다. 게다가 모든 곳에서 그들에게 가해지는 비난이 동일하다는 것은 놀라운 일입니다.[31]

사르트르는 지식인들이 이렇게 도처에서 비난받는 이유를 크게 세 가지 측면에서 찾는다. 그들이 내세우는 "이상주의idéalisme, 도덕주의moralisme, 독단주의dogmatisme"(PI, 376)가 그것이다. 사람들은 일반적으로 지식인들의 본분을 문화 보존과 전수, 즉 문화 "수호자들conservateurs"의 범위로 국한한다. 그런

---

31 Jean-Paul Sartre, "Plaidoyer pour les intellectuels", SVIII, p.375.(이하 이 글에서의 인용은 PI로 약기하고 쪽수를 병기한다.)

데 지식인들은 자신들의 역할을 오해한 나머지 자신들이 속한 사회에 대해 비판적이고 부정적인 태도를 지니며, 또 권력과 불편한 관계를 유지하면서 조국의 역사에서 부정적인 측면만을 본다는 것이다. 또한 그들은 민중을 속이면서 이 민중이 자신의 이익에 등을 돌리도록 한다고 본다.

그런데 지식인들은 생산하지 않고, 기껏해야 봉급에 의존해 살며, 그로 인해 그들은 자기 한 몸 지킬 수 있는 가능성조차 박탈당한 부류라는 것이 사르트르의 주장이다. 그들은 본질적으로 무기력한 존재들이라는 것이다. 경제적, 사회적 힘도 가지지 못하면서도 그들은 "스스로 모든 것을 판단하도록 부름받은 엘리트"(PI, 376)라고 자처하면서 일종의 자기 최면 상태에 빠져 있다는 것이 사르트르의 계속되는 주장이다.

이런 자격으로 지식인들은 앞으로 다가올 미래를 이미 살고 있는 것처럼 생각하며, 현재를 미래라는 추상적 관점에서 판단한다. 그로 인해 그들은 도덕주의와 이상주의에 함몰된다는 것이다. 게다가 지식인들은 사람들이 해야 할 일을 결정할 때 신성불가침의 원칙, 하지만 추상적 원칙, 즉 '이론' ―사르트르에 의하면 그것은 '마르크스주의'이다― 을 들먹인다는

것이다. 바로 거기에 지식인들의 독단주의가 자리한다는 것이 사르트르의 지적이다.[32]

이처럼 지식인들은 어디에 있든지 간에 자신들의 직분과 존재 이유를 저버리고 "항상 부정하는 정신l'esprit qui nie toujours"(PI, 377)을 발휘하며 현실을 제대로 보지 못한 채 추상적인 비판만을 일삼는다. 물론 그들에게 가해지는 이런 비난이 모두 타당한 것은 아니다. 하지만 사르트르는 이 모든 비판 속에 공통적으로 한가지 근본적인 비난이 깃들어 있다고 본다.

지식인들에게 가해지는 이런 비판에서, 그 모순에도 불구하고 과연 하나의 공통된 의미를 찾아내는 것이 가능할까요? 예, 가능합니다. 이 모든 비판에는 다음과 같은

---

32 사르트르는 『변증법적 이성 비판』에서 마르크스주의를 그의 시대의 "뛰어넘을 수 없는 철학"으로 여긴다. 하지만 이런 마르크스주의가 개인의 실존, 특히 이 개인의 어린 시절의 형성 과정을 고려하지 않아 본래의 기능을 상실한 채 멈춰 버렸다고 진단한다. 이런 마르크스주의를 되살리기 위해서는 자신의 무신론적 실존주의, 정신분석 등과 같은 신선한 피를 주입해야 한다고 선언한다. 이런 사실은 사르트르가 당대의 지식인들에게 가하는 비판의 이해에 도움이 될 것이다.

하나의 근본적인 비난이 깔려 있습니다. '지식인이란 자기와 무관한 일에 참견하는 자l'intellectuel est celui qui se mêle de ce qui ne le regarde pas'이며, 인간과 사회라고 하는 보편적 개념 —오늘날 이 개념은 불가능한 개념, 즉 추상적이고 그릇된 개념입니다— 의 이름으로 기존의 진리와 그 위에 이루어진 전체 행위에 이의를 제기할 것을 주장하는 사람이라는 비난이 그것입니다.(PI, 377)

이렇듯 지식인은 한 사회의 "필요악mal nécéssaire"(PI, 377)으로 여겨지기 십상이다. 이를 좀 더 명확하게 설명하기 위해 사르트르는 드레퓌스Dreyfus 사건을 예로 든다. 반反드레퓌스주의자들의 입장에서 보면 드레퓌스 대위의 유무죄를 결정하는 것은 국가의 관할하에 있는 군사법정의 소관 사항이다. 하지만 드레퓌스 옹호자들은 그의 무죄를 확신한 나머지 "자신들의 권한 밖hors de leur compétence"(PI, 378)의 일에까지 참견한 것이다. 이를 고려해 사르트르는 지식인에게 적용되는 공통된 생각을 이렇게 제시한다.

따라서 본래 지식인들 모두는 지적 능력에 관련된 일(정밀과학, 응용과학, 문학 등)을 통해 어느 정도의 명성을 얻고, 이 명성을 '남용해' 자신들의 영역을 벗어나 인간이라는 보편적이고 독단적인 개념(막연하건, 명확하건, 도덕주의건 마르크스주의건 간에)의 이름으로 사회와 기존 권력을 비판하려 드는 다양한 부류의 사람들인 것 같습니다.(PI, 378)

사르트르는 지식인에게 해당하는 이런 공통된 생각을 좀 더 구체적으로 보여 주기 위해 핵분열을 연구하고 핵무기를 개발하는 학자들의 예를 든다. 사르트르의 말에 귀를 기울여 보자. 일군의 학자들이 핵무기를 개발하기 위해 핵분열을 연구하는 경우, 그들은 '지식인'이 아니다. 그들은 한낱 '학자들savants'일 뿐이다. 하지만 핵무기 사용의 위험과 그에 대한 경각심을 여론에 호소하기 위해 선언문에 서명한 경우에 그들은 지식인이 된다.

그 이유는 첫째, 그들이 자신들의 권능의 한계를 넘어섰기 때문이다. 분명 핵무기 개발과 그 용도에 대한 판단은 별개의 문제이다. 둘째, 그들은 사람들이 인정해 준 자신들의 명성과 권능을 남용해 여론에 압력을 가했기 때문이다. 셋째, 그들이 "핵무기 사용을 반대하는 것은 기술적인 결함을 확인했기 때문이 아니"라, "그들은 인간 생명을 최고의 판단기준으로 삼고 있는, 분명 이론의 여지가 있는 가치체계를 명분으로 내세우면서 반대하고 있기" 때문이다(PI, 379).

지식인에 대한 이런 공통된 생각에서 출발해 사르트르는 첫 번째 강연에서 다룰 주제를 이렇게 요약하고 있다. "지식인에 대한 이런 근본적인 불만들은 어떤 의미를 가질까요? 그것은 현실과 일치할까요? 이에 대한 답하기 위해서는 먼저 지식인이란 '무엇인가'를 알아보아야 할 것입니다."(PI, 379)

2.2. 지식인이란 무엇인가

지식인이 처한 상황을 일별한 후에 사르트르는 지식인에 대한 본질적인 문제를 제기한다. 지식인은 무엇인가, 지식인은 어떤 부류의 인간인가의 문제가 그것이다. 이 문제를 검토하기 위해 사르트르는 지식인과 대비되는 하나의 개념을 도입한다. ‘실용적 지식 기술자technicien du savoir pratique’(이하 TSP) 개념 —‘실용적 지식 전문가spécialiste du savoir pratique’라고도 한다— 이 그것이다. 이 개념을 눈여겨볼 필요가 있다. 왜냐하면 사르트르는 TSP들 중에서 지식인이 나온다고 보기 때문이다. 그들이 “잠재적 지식인l'intellectuel en puissance”인 셈이다(PI, 397).

사르트르는 TSP가 어떤 부류에 속하는 인간인지를 보여 주기 위해 모든 인간에게 적용되는 ‘실천praxis’[33]에 포함된 몇몇 ‘계기moments’에 주목한다. 그에 의하면 실천에는 ‘부정négation’과 ‘긍정affirmation’의 두 계기가 포함되어 있다. 실천은 “지금 있는 것”을 부분적으로 드러내고 부정해서 “아직 존재하지 않는 것”을 출현시키는 긍정으로 이해된다(PI, 379). 이런 이유로 실천에는 “최대한의 정확성”이 요구된다. 그도 그럴

---

[33] 사르트르는 『존재와 무』의 차원, 곧 현상학적 존재론 차원에서는 ‘기투(projet)’를 강조한다. 이 차원에서 인간은 미래를 향해 ‘자기를 창조해 나가는(se créer) 존재, ‘자기를 만들어 나가는(se faire) 존재, 곧 ‘자기를 기투하는(se projeter) 존재로 규정된다. 이 기투의 지향점은 “신(神)이 되고자 하는 욕망(le désir d'être Dieu)”의 실현이다. 이에 비해 이 기투 개념은 『변증법적 이성 비판』의 차원, 곧 인간학 차원에서는 ‘실천’으로 이해되며, 그 지향점은 생명의 유지와 보존으로 이해된다. 이렇듯 사르트르에게서 실천과 기투 사이에 본질적인 차이는 없으며, 실천 개념은 기투 개념을 물질적, 집단적, 역사적 차원에서 이해한 개념이라고 할 수 있다.

것이 "아직 존재하지 않는 것을 기준으로 지금 있는 것을 파악해야 하기 때문"이고, 또한 "아직 존재하지 않는 것을 실현하기 위한 수단을 이미 주어진 것에서 찾아내야 하기 때문"이다(PI, 379).

이처럼 실천의 계기들을 제시하면서 사르트르가 주목하는 것은 TSP의 존재이다. 인간 사회가 발전함에 따라 점차 분업이 이루어지고, 또 분업화된 사회에서는 지금 있는 것에 대한 부정으로부터 아직 존재하지 않는 것의 출현이라는 긍정으로의 이행을 보장해 주며, 이를 현실화하기 위한 수단의 마련을 전적으로 담당해 줄 특수집단의 존재가 점차 요청되었다는 것이다. 이 집단의 구성원들이 TSP라는 것이 사르트르의 주장이다.

목표는 지배계급에 의해 결정되고, 노동계급[34]에 의해

---

34 사르트르는 『지식인을 위한 변명』에서 '지배계급'이라는 용어를 프랑스 대혁명 이후에는 '부르주아계급'이라는 용어와 같은 의미로 사용한다. 또한 '노동계급'이라는 용어를 프랑스 대혁명 이후에는 '프롤레타리아계급'이라는 용어와 같은 의미로 사용하며, 종종 '혜택받지 못한 계급', '피착취계급', '민중계급' 등과 같은 용어를 사

실현됩니다. 하지만 수단에 대한 연구는 콜린 클라크가 3차 산업이라고 부르는 것에 속하는 학자, 기사, 의사, 법률가, 법학자, 교수 등의 일군의 기술자들에게 맡겨지게 됩니다.(PI, 381)

물론 이 TSP로 분류되는 이들의 개인적 기투와 다른 사람들의 기투 사이에는 차이가 없다. TSP들 역시 각자의 기투를 통해 존재론적 목적, 곧 신이 되고자 하는 욕망을 실현하고자 하고, 또 각자의 존재 이유raison d'être를 찾고자 한다.[35] 하지만 사르트르는 그들 각자가 수행하는 사회적 기능에 따라 어떤 경우에는 TSP로 머물기도 하고, 또 어떤 경우에는 지식인이 될 수도 있다고 본다.

용하기도 한다. 또한 중간계급과 프티부르주아계급도 혼동해서 사용하고 있다. 여기에서는 논의의 편의에 따라 적절하다고 여겨지는 용어를 사용했음을 밝힌다.

35 사르트르의 현상학적 존재론의 차원에서 인간의 최종 목표는 자기원인자(ens causa sui)가 되는 것, 곧 자신의 존재 이유를 자기 안에 담고 있는 존재가 되는 것, 곧 신이 되고자 하는 욕망의 실현에 있다고 본다.

하지만 그들에게 부여된 사회적 기능은 가능한 것들의 장場에 대한 비판적 검토에 있습니다. 목표에 대한 판단이나 또는 대부분의 경우 그 실현도 그들에게 속하는 일이 아닙니다. (…) TSP들 모두가 아직 지식인은 아닙니다. 하지만 지식인은 ―다른 어디에서도 아닌― 바로 그들 속에서 나옵니다.(PI, 381)

이렇게 TSP의 지식인으로서의 변신 가능성을 지적한 다음, 사르트르는 그 구체적 사례를 프랑스 역사의 중세부터 현재(1966년)까지를 놓고 검토한다. 먼저 검토의 대상이 되는 것은 14세기까지, 곧 중세까지이다. 이 시기는 '성직자들의 시대'라고 할 수 있다. 글을 읽고 쓸 줄 알았던 성직자들은 지식의 소유자였으며, 영주와 농민 사이의 매개자였다.

하지만 교회 안에 있는 성직자들은 지식인이 될 수 없었다. 아니, 지식인이 될 필요가 없었다고 하는 편이 옳을 것이다. 왜냐하면 그들에게는 자신들의 권능 밖의 일이 존재하지 않았기 때문이다. 그들의 권능이 미치지 않는 영역이 없었다. 가령, 영주들 사이에 전쟁이 발발했을 때, 교회는 일정 기

간 휴전을 명령할 수 있었고, 대부분의 경우 이 명령은 지켜
졌다.

이렇듯 성직자들은 막강한 교회 권력과 이 권력과 결탁한
정치권력을 배경으로 모든 것을 장악하고 결정할 수 있었다.
그들은 기독교라는 이데올로기를 형성하고 대변하면서 모든
인간의 위치와 운명을 하나의 성스러운 세계 속에 자리매김
하고, 그들의 사회적 위계질서를 굳건히 세우면서 기독교라
는 절대적 신화를 널리 퍼뜨렸다고 할 수 있다.

사르트르에 의하면 TSP들은 중세에 출현한 부르주아지
bourgeoisie[36]의 성장과 더불어 출현했다. 처음에 상인 신분을 가
진 자들로 형성되었고, 성직자들과 귀족들로부터 억압받았던
부르주아지는 상업자본주의의 발달과 더불어 경제적 힘의 비

---

36 어원적으로 '성안의 사람, 읍민' 등의 의미를 가진 '부르주아(bourgeois)'는 프랑크어
단어 'burg'에서 파생된 프랑스어 단어이다. 그리고 부르주아가 개인을 지칭하는
단어인 데 비해, '부르주아지'는 부르주아 집단, 부르주아계급에 속한 사람들을 가
리킨다. 유럽에서 부르주아라는 단어는 11세기부터 등장한다. 11세기 중세 전성
기를 맞이한 유럽에서는 농업, 상업 부분의 성장이 두드러졌다. 이에 따라 기존 촌
락이나 군읍들의 규모가 커지거나 잉여 인구가 도시로 이주하게 되었다. 이때 도
시에 거주하는 사람들, 특히 상공인들을 가리켜 부르주아라고 일컬었다. 여기에
서는 이 단어와 부르주아계급을 구별 없이 사용할 것이다.

축을 통해 세력을 확장하게 된다. 하지만 부르주아지는 초창기에 성직자들의 이데올로기에 도전하지 않고 순응하는 전략을 택했다. 그 대신 부르주아지는 자기들 내부에서 기술적 보조자들이나 실질적인 옹호자들, 곧 "수단의 전문가들experts de moyens"을 길러 내는 데 집중했다.

상업 선단 내에는 학자들과 기사들이 끼게 되었고, 복식 부기는 나중에 수학자의 탄생으로 이어질, 계산하는 사람을 필요로 했습니다. '실질적' 소유권과 계약은 법률가를 급증시켰고, 의학이 발전하게 되었으며, 해부학은 예술에서 부르주아적 사실주의의 기원이 되었습니다. 따라서 이 수단의 전문가들은 부르주아지에 의해서, 또 부르주아지 안에서 탄생한 것입니다.(PI, 382)

이처럼 부르주아지가 자신들이 살던 사회의 경제 권력을 장악하고, 이를 뒷받침해 줄 수단의 전문가들, 즉 TSP들을 길러 내자, 먼저 분열한 쪽은 그때까지 막강한 권력을 누리던 성직자들이었다. 종교개혁을 거치면서 신교와 구교로 나뉘어 대립하게 된 성직자들은 점차 부르주아지에 가세하기 시작하면서 자신들의 이데올로기를 포기하게 된다. 또한 성직자들과 결탁하고 왕권신수설을 내세우며 정치권력을 유지하던 귀족들 역시 점차 몰락한다. 이렇게 해서 프랑스에서는 18세기에 이른바 "철학자들philosophes"이 등장하면서 성직자들을 대신하게 된다. "법률가들(몽테스키외), 문필가들(볼테르, 디드로, 루소), 수학자들(달랑베르), 총괄 징세 청부인(엘베시우스), 의사들 등등"이 이 철학자들의 예에 해당한다.

이 철학자들은 부르주아지를 위해 새로운 이데올로기의 정립을 위해 노력하게 된다. 이를 위해 그들은 먼저 모든 분야에 침투해 공고한 이데올로기를 구축하고 있던 기독교를 탈신성화désacralisation하는 일에 나선다. 그리고 신성한 분야가 세속화되어 감에 따라 "신은 다시 하늘로 올라갈 채비를 하게 되"었다(PI, 383). 사르트르는 정확히 거기에 17세기 말에 나타난 "서구 사상의 위기"가 자리한다고 본다.

그다음으로 18세기의 철학자들은 자신들이 직접 적용해 큰 성과를 거둔 연구 방법, 즉 "분석적 방법méthode analytique"을 적용해 신의 숭배, 혈통, 가문, 왕권신수설 등과 같은 "합리성"

이 결여된 "혼합주의syncrétisme"의 토대 위에서 권력을 장악했던 "귀족정치와 신정정치의 신화를 부식시키는 황산염"을 뿌리게 된다(PI, 384). 이렇게 하면서 그들은 부르주아지에게 과거의 봉건제도와 맞서 싸울 수 있는 무기 —이성에 기초를 둔 분석적 과학주의의 필연적 결과인 "사회 원자론atomisme social"도 그중 하나이다— 를 제공해 줌과 동시에 '보편 계급classe universelle'의 위상을 부여해 주면서 자신들에 대한 확고한 긍지를 갖게 된다. 이 철학자들은 어렸을 때 받았던 종교 교육과 뿌리 깊은 신앙심에도 불구하고 범신론자, 심지어 무신론자를 거리낌없이 자처하게 된다.

그렇다면 이런 역할을 수행한 18세기의 철학자들을 최초의 지식인으로 볼 수 있을까? 사르트르는 이 질문을 직접 제기하는 한편 긍, 부정의 답을 동시에 하고 있다. 먼저 이 철학자들은 자기들과 무관한 일에 끼어들었고, 그로 인해 당시의 지배계급이었던 성직자들과 귀족들로부터 비난을 받았다. 이는 정확히 앞에서 사르트르가 규정한 지식인의 정의에 부합한다.

한편, 이 철학자들은 자신들의 이해관계와 그들을 길러 낸 부르주아계급의 이해관계가 일치하는 행운을 누렸다. 그들은 이 계급이 권력을 장악할 수 있는 수단을 제공해 주었다. 또한 이 계급이 고유한 이데올로기를 필요로 한다는 사실을 꿰뚫어 본 그들은 이 이데올로기의 형성에 직접 관여했다. 그들은 자기들에게 익숙한 "논쟁의 정신, 권위주의의 거부, 자유로운 거래를 제약하는 굴레의 거부, 과학 법칙의 보편성, 봉건적 특수주의에 대치되는 인간의 보편성, 이런 모든 가치체계와 성공 방식들"을 통해 "부르주아 '휴머니즘l'humanisme bourgeois'"의 형성에 결정적으로 기여했다(PI, 386).

사르트르는 이런 역할을 충실하게 수행한 18세기의 철학자들을 그람시의 용어를 빌려 "'유기적' 지식인intellectuel 'organique'"37(PI, 386)이라고 명명한다. 그러니까 그들은 그 당시 피억압 상태에 있던 부르주아계급에서 태어나 자신들이 속한 이 계급의 이해관계와 자신들의 이해관계가 일치하는 것을

---

37 유기적 지식인은 1930년대 이탈리아의 사회주의 사상가였던 안토니오 그람시가 만들어 낸 용어이다. 그에 의하면 유기적 지식인은 자본가계급의 헤게모니에 맞서 노동자계급의 이익을 대변하고, 새로운 대항 헤게모니를 창출하는 데 봉사하는 사람으로 정의된다.

목도함과 동시에 점차 이 계급의 "객관적 정신l'esprit objectif"을 대변하게 된 것이다.

이를 근거로 사르트르는 이 철학자들이 활동했던 18세기를 "황금시대l'âge d'or"로 규정한다(PI, 387). 그들은 부르주아계급의 풍습과 사고에 젖어 있었고, 자신들의 과학적이고 실용적인 연구 활동은 신흥계급이었던 이 계급에 도움이 되었다. 최종적으로 그들은 자신들의 활동에서 부르주아계급의 동의를 얻었고, 이 계급을 위한 이데올로기의 형성을 위해 투쟁했으며, 이 투쟁이 자신들의 삶의 조건 개선과 해방으로 이어졌던 것이다.

하지만 이런 행운의 시대는 19세기에 들어서서 막을 내리게 된다. 부르주아계급에 맞서 프롤레타리아계급이 태동했기 때문이다. 이 새로운 피역압 계급의 등장은 권력을 장악한 부르주아계급에 대한 도전을 의미한다. 그로 인해 이제 부르주아계급을 더 이상 보편 계급이라고 할 수 없으며, 또한 이 계급이 내세우는 휴머니즘도 그 효력을 상실하게 된다. 이런 상황이 진행되다가 "19세기 말엽, 특히 드레퓌스 사건 이후, 철학자들의 손자들이 '지식인'으로 등장하게 되었"다는 것이 사르트르의 주장이다(PI, 387).

사르트르는 이렇듯 프랑스 역사를 통해 지식인이 TSP에서 배출된다는 것을 보여 준다. 그러고 나서 19세기 말엽부터 지식인을 주제로 한 강연이 개최된 1966년에 이르기까지 ―사르트르는 이 시기를 "오늘날"이라는 단어로 표현한다― TSP들이 몸담고 있는 사회의 특징을 나열한다. 이는 TSP가 지식인으로 변신하는 과정을 보여 주기 위한 작업의 일환으로 보인다.

사르트르는 그 시기의 사회가 지니는 첫 번째 특징으로 "TSP는 '위로부터d'en haut' 모집된"다는 점을 지적한다(PI, 387). 그리고 그는 지배계급인 부르주아계급이 TSP에게 어떤 대우를 해 주는가를 보여 준다. 사르트르에 의하면 일반적으로 TSP는 부르주아계급에 속하지 않으며, 이 계급이 고용을 결정함으로써, 자기 계급 안에 TSP가 위치하도록 한다.

부르주아계급은 자신의 이익을 극대화하고, 장악한 권력을 공고히하고 또 연장하기 위해 가능한 조치를 강구한다. 이를 위해 이 계급은 직업, 고용 등의 장치를 통해 인간의 미래를 미리 결정해 버린다. 가령, 어느 한 시점 ―사르트르는

"1975년"을 상정한다(PI, 388) — 에 한 사회에서 필요한 의사와 교사의 수를 정하는 것은 "한 부류의 미성년 전체에게 가능성의 영역이, 수행해 볼 만한 연구의 장이, 달리 말해서 '운명'이 구조화된"다는 것을 의미한다. 부르주아계급은 그들이 "태어나기도 전에" 이미 "그들의 사회적 존재leur être social"와 마찬가지로 일자리를 정하고 기다리고 있는 것이다(PI, 388).

이런 방식으로 권력을 장악하고 있는 부르주아계급은 자기의 이익에 비춰 TSP들의 수를 결정한다. 앞에서도 언급했지만, 사르트르는 1966년에 벌써 기업이 대학으로 하여금 "케케묵은 인문주의를 포기하고, 그 대신 기업 진단가, 중간 관리자, '공적 관계 전문가' 등을 공급해 줄 전문화된 교과목을 시행하도록" 요구하고 있다는 사실을 지적한다(PI, 388). 이는 현재 우리 사회에서도 두드러지는 문제이다. 최근 극심한 갈등을 유발하고 있는 의대 정원 확대 문제, 진리의 전당 역할을 등한시하고 직업 학교로 변해 버린 대학 교육의 문제 등이 그 예이다. 이런 관점에서 보면 사르트르가 제시하고 있는, TSP가 지배계급의 이익에 맞게 위에서 만들어진다는 것은 미래를 내다본 탁월한 견해로 보인다.

사르트르가 들고 있는 '오늘날'의 사회가 지닌 두 번째 특징은 첫 번째 특징과 밀접하다. 그는 이렇게 말한다. "TSP의 이데올로기적, 기술적인 교육도 위로부터 수립된 체계(초등, 중등, 대학)에 의해 규정되며, 필연적으로 선택적일 수밖에 없"다고 말이다(PI, 388).

부르주아계급은 교육을 통제하면서 자신들에게 이롭다고 판단한 이데올로기를 초중등교육 과정에서 학습하게 하며, 전문지식과 경험을 고등교육 과정에서 제공하도록 한다. 이를 통해 이 계급은 피교육자들에게 다음과 같은 두 가지 역할을 주입하고자 한다. "전문 연구자임과 동시에 헤게모니의 봉사자, 즉 전통의 수호자"의 역할이 그것이다(PI, 389).

특히 두 번째 역할과 관련해 사르트르는 다시 한번 그람시의 용어를 빌려 "상부구조의 관리fonctionnaires des superstructures"(PI, 389)가 되게끔 한다고 지적한다. 그러니까 그들은 부르주아계급의 "이데올로기적 '특수주의particularisme'"의 "앞잡이들"이 되는 셈이다(PI, 389). 그들에게는 지식인이라는 칭호가 당연히 합당하지 않다. 그들은 실제로는 부르주아계급의 이데올로기에 속하는 것을 "과학적 법칙인 양 부당하게 왜곡"할 뿐이다. 가령, 그들은 아프라카인들의 열등성, 여성의 열등성을 증명하기 위해 엄밀한 연구를 수행해 부르주아계급의 이익에 봉사하는 꼴이다.

사르트르가 제시하는 '오늘날' 사회의 세 번째 특징은 TSP 선발은 "계급관계에 의해 자동적으로 조절된"다는 것이다(PI, 390). 방금 부르주아계급은 자신의 이익을 극대화하고 권력을 강화, 유지하기 위해 일자리 수를 조정하고 선별한다고 했다. 그 방법 중 하나가 선발 제도이다. 선발 제도에서 부과되는 시험을 통과하기 위해서는 고등교육의 이수가 요구된다. 하지만 프롤레타리아계급에 속한 이들이 고등교육을 받을 가능성은 크지 않다. 교육비가 비싸기 때문이다. 하지만 부르주아계급은 장학제도 등을 운용하면서 자신의 이익에 필요한 수만큼의 TSP들을 엄격하게 선발한다. 이렇게 해서 이 TSP들은 이른바 프티부르주아계급을 형성하게 된다.

프티부르주아계급에 속한 TSP들은 아직은 프롤레타리아계급과는 접촉이나 연대가 없다. 그들은 어렸을 때부터 그저 부르주아계급의 이익에 부합하는 특수주의적 이데올로기를 교육받았을 뿐이다. 그리고 전문지식을 습득하게 되면 이 계급은 그들에게 비중이 크지 않은 권력을 나누어 준다. 또한 그들은 이 계급이 할당해 주는 잉여가치에 기대어 살아가게 된다. 그들이 수령하는 월급이 그 증거이다. 심지어 그들은 이 계급에 의해 자행되는 노동 착취의 "공범자complices"이기도 하다(PI, 390). 요컨대 그들의 사회적 존재와 운명은 "밖에서", 곧 이 계급으로부터 부과된 것이고, 이런 의미에서 그들은 자신들의 삶에서 전적으로 소외를 겪게 된다.

> 이런 의미에서 그의 사회적 존재와 그의 운명은 밖에서부터 그에게 주어진 것입니다. 그는 프티부르주아계급에서 태어난, 중간 정도의, 프티부르주아계급에 속한 인간입니다. 그의 행위와 관련된 일반적 목표는 '그의 목표'가 아닙니다.(PI, 390)

이처럼 프티부르주아계급 출신인 TSP가 지식인으로 탈바꿈하는 것은 정확히 이런 소외가 만연한 상황에서이다. 사르트르는 이런 상황을 '보편성universalité'과 '특수성particularité' 사이의 모순을 통해 설명하고 있다. 어떤 성격의 모순일까?

사르트르에 의하면 TSP는 어렸을 때부터 "휴머니스트"였다(PI, 391). TSP는 부르주아계급의 지원으로 교육을 받으면서 모든 사람은 평등하다는 휴머니스트적 이데올로기를 자양분으로 삼아 성장했다. 하지만 지식인은 결국 자신이 "인간 조건의 불평등성의 증거"임을 깨닫게 된다. 그는 이 계급의 비호 아래 활동하는 "부당한 특권의 소유자"인 것이다. 그가 누리는 특권이 그리 대단한 것은 아니라고 해도 그러하다. 하지만 이 특권은 그가 익혀 온 "휴머니스트적 평등주의"와 근본적으로 배치되며, 따라서 그는 이 특권이 포기해야 하는 것임을 알게 된다.

앞에서 살펴본 것처럼 프랑스에서 18세기에 활동했던 철학자들은, 자신들이 속해 있는 계급과 유기적으로 통합된 지식인이 될 수 있는 행운을 누렸다고 했다. 하지만 '오늘날'의 TSP들은 부르주아계급과 그 이데올로기가 특수주의적이라는 것을 점차 깨닫게 된다. 다시 말해 그들은 자신들이 이 계급의 목적 실현을 위한 한낱 도구에 불과하다는 사실을 알아차리게 된다. 그런데 이런 특수성은 그들이 어렸을 때부터 줄곧 익혀 왔던 자유롭고, 분석적이고, 보편주의적인 탐구 정신과는 길항하는 것이다. 정확히 거기에 보편성과 특수성 사이의 모순이 자리한다.

사르트르는 이 모순을 설명하기 위해 암 치료를 위해 연구에 몰두하는 의사와 치료약 개발자의 예를 든다. 그들의 행위는 무엇보다도 "실용적"이다. 이것은 그들이 유익한 것을 목표로 한다는 것, 따라서 그들이 TSP라는 것과 동의어이다. 그런데 중요한 것은 그들의 행위가 특정 집단만이 아니라 모든 집단에 해당한다는 점이다. 인간은 누구나 암에 걸릴 수 있기 때문이다. 이는 암을 치료하는 의사나 치료약 개발자로서의 이들의 행위가 보편성을 지닌다는 것을 의미한다. 그런 만큼 그들은 부르주아계급에 속하는 소수의 사람만을 위해 봉사할 수 없다. 게다가 그들은 어렸을 때부터 이런 평등주의에 입각한 휴머니즘의 교육, 곧 보편적인 교육을 받아 왔다.

그런데 현실에서 암 치료를 받고 치료약을 구입할 수 있는 사람들은 부르주아계급에 속하는 사람들에게 국한될 공산이 크다. 왜냐하면 암 치료와 치료약은 값이 비싸기 때문이다. 이런 이유로 암 치료와 치료약이 가지는 "사회적 유용성"은 "다수의 희생 위에서 소수의 유용성"으로 변하게 되고, 또한 거기에서 다수가 욕구 불만 상태에 있는 "상대적 궁핍화 pauperisation relative"가 기인하게 된다(PI, 395). TSP로서 의사와 치료약 개발자는 "모든 사람을 위해" 일을 해야 함에도 불구하고, 실질적으로는 부르주아계급에 속하는 자들의 이익을 위해 프롤레타리아계급에 속하는 자들의 궁핍화를 초래하는 "앞잡이들"에 지나지 않게 된다. 그로부터 사르트르는 TSP가 출현하는 것은 보편성과 특수성 사이의 모순에 대한 각성이 그 중요한 계기라는 결론을 내린다.

이처럼 TSP는 지배계급에 의해서, 그들을 분열시키는 모순과 함께 만들어집니다. 한편으로 상부구조의 봉급자, 하급 관리로서 그들은 지배자들(사기업 또는 국가)에게 직접 예속되어 있으며, 필연적으로 3차 산업의 한 집단으로서 특수층 속에 자리 잡습니다. 다른 한편으로 그들의 전문성이 항상 보편적이기 때문에, 그들은 자신들이 주입받은 특수주의, 자신들을 부정하지 않고는 결코 부인할 수 없는 특수주의에 대한 부인 자체인 것입니다.(PI, 395)

사실, 한 사회의 권력을 장악하고 있는 부르주아계급은, TSP들이 직면하고 있는 현실이 "보편과 특수의 영원한 상호 부정"이라는 사실을 꿰뚫어 보고 있다. 권력의 담지자들은 TSP들이 "헤겔이 말한 '불행한 의식conscience malheureuse'을 구현하고 있"다는 사실을 잘 안다(PI, 395). 이런 이유로 권력의 담지자들은 TSP들을 "수상쩍게 보고", 또 그들이 "영원히 부정하는 자들"이라는 이유로 그들을 늘 경계한다. 하지만 TSP들은 권력의 담지자들에게는 이중의 의미를 가진 존재이다. TSP들은 그들에게 "필요불가결한 존재일 뿐만 아니라 동시에 수상쩍은 존재"이기도 하다(PI, 396).

사르트르에 의하면 TSP들이 가진 이런 이중성으로부터 다음과 같은 두 가지 가능성이 도출될 수 있다. TSP가 그냥 TSP로 남아 있을 가능성과 TSP가 지식인으로 탈바꿈할 가능성이 그것이다. 첫 번째 가능성에서 TSP는 "지배계급의 이데올로기를 수용하거나 또는 그것에 만족할 수도 있"고, 또 "보편을 특수의 시녀로 만들어 버리"게 된다(PI, 397). 이것은 TSP가 권력에 대해 이의를 제기하는 자신의 권능을 포기하는 것과 동의어이다. 이 경우에 TSP는 TSP로 남게 되고, 지식인이 되지 못한다. 두 번째 가능성은 보편과 특수의 모순을 깨달으면서 TSP가 "괴물monstre", 곧 지식인이 되는 것이다. 즉, TSP는 "자기와 관계되는 것에 관심을 갖는" 지식인, 또 다른 사람들이 "자기와 관계없는 일에 관심을 갖는 자"라고 말하는 지식인으로 탈바꿈하는 것이다(PI, 395).

이런 논의 끝에 사르트르는 "지식인이란 무엇인가"라는 주제로 행한 첫 번째 강연을 지식인에 대한 다음과 같은 규정으로 마치고 있다.

따라서 지식인이란 자기 내부와 사회 속에서 실천적 진리(그것이 포함하고 있는 모든 규범과 함께)에 대한 탐구와 지배자의 이데올로기(그 안에 담긴 전통적 가치체계와 함께) 사이에 대립이 존재하고 있음을 깨달은 사람입니다.(PI, 399)

그리고 지식인은 이렇듯 분열된 사회 속에서 만들어지고, 또 그가 이 사회의 분열된 모습을 "내면화"하고 있기 때문에, 그는 그가 몸담고 있는 사회를 증거해 주는 "역사적 산물"이며, 이런 의미에서 "어떤 사회도 자신을 비난하지 않고는 이 사회의 지식인들에 대해 불평할 수 없"다는 것이 사르트르의 주장이다(PI, 400). 그도 그럴 것이 지식인이란 결국 그가 몸담고 있는 사회 자체가 만들어 낸 것이기 때문이다.

▬

3장

제2강연:
지식인의 기능

1966년 9월 20일 도쿄에 있는 히비야 공회당에서 "지식인의 기능"이라는 제목으로 두 번째 강연이 열렸다. 사르트르는 지식인을 "존재" 차원에서 검토한 첫 번째 강연에 이어 두 번째 강연에서 지식인의 "기능"을 다룬다. 이 강연은 세 부분으로 나뉘어 있다. "모순", "지식인과 대중", "지식인의 역할"이 그것이다.

사르트르는 이 강연을 통해 그 누구로부터도 역할을 위임받지 못한 지식인이 손수 자신의 역할을 찾아가는 과정에서 부딪히는 어려움, 부르주아계급의 헤게모니 거부, 그리고 지금까지 아무런 관련이 없었던 프롤레타리아계급과 건설적인 관계를 설정함과 동시에 이 계급에 속하는 노동자들, 대중을 옹호해 계급 없는 사회의 건설에 기여해야 하는 필요성 등을 통해 지식인의 기능을 도출해 내고 있다. 이 강연을 구성하고 있는 세 부분을 차례로 보자.

3.1. 모순

두 번째 강연의 첫 번째 부분에는 "모순"이라는 제목이 붙어 있다. 더 정확하게는 "모순들Contradictions"이다.[38] 어떤 모순들이 문제인가? 첫 번째 강연을 통해 지식인은, 자기와 관계 없는 일에 참견하고, 아무런 힘도 가지지 못한 채 엘리트를 자처하면서 진리를 탐구하고 사회를 드러내고 또 만사를 판단하는 부름을 받았다고 생각하는 경향이 있다는 사실을 지적

---

[38] 두 번째 강연의 두 번째 부분에는 "지식인과 대중"이라는 제목이 붙어 있다. 하지만 이 부분에서도 사르트르는 여러 모순을 다루고 있다. 이 사실을 고려하면 "모순들"이라는 제목이 두 번째 부분에도 해당한다고 할 수 있다.

한 바 있다. 그런데 바로 거기에 지식인이 겪는 첫 번째 모순이 자리한다.

사르트르에 의하면 "그 누구도 지식인에게 이런저런 역할을 해 달라고 요청한 적이 없"다(PI, 400). 부르주아계급도, 프롤레타리아계급도, 지식인이 속한 프티부르주아계급도 마찬가지다. 부르주아계급은 지식인의 존재를 필요로 하기는 하지만, 자신의 목적 달성을 위한 도구로 여기면서 무시한다. 이 계급은 그를 기껏해야 TSP, 상부구조의 하부 관리 정도로만 여긴다. 프롤레타리아계급은 지식인을 배출할 경제적 여유가 없으며, 잠재적 지식인인 TSP와는 아무런 관계도 없다. 잠재적 지식인은 자신의 출신 계급인 프티부르주아계급과 동일한 이해관계를 가지기는 하지만, 아직까지 그 구성원들에게 계급의식을 갖게끔 하는 데까지 나아가지 못하고 있다. 다시 말해 지식인은 이 계급과의 관계에서 아직 유기적 지식인이 아니다.

이처럼 지식인은 그 누구로부터도 "위임장을 받은 일도 없고", 또 그 누구도 그에게 "최소한의 권리나 조그마한 자리마저 인정해 주려 하지 않는"다(PI, 401). 이런 의미에서 무기력한 존재로 규정되었던 지식인은 이제 "가장 불우한^{le plus démuni}"
존재로 규정된다(PI, 401). 지식인은 그저 "기괴한 사회가 만들
어 낸 기괴한 산물^{monstreux produits de sociétés monstreuses}", 곧 괴물
에 불과하다(PI, 401). 이 기괴한 사회의 한 단면은 그 구성원들
의 평등에도 불구하고 억압, 폭력, 소외가 지배하며, '계급'으
로 불리는 몇몇 집단 —『지식인을 위한 변명』에서 사르트르는
부르주아계급, 프티부르주아계급, 프롤레타리아계급으로 나
누고 있다— 으로 쪼개져 있고, 나아가 경쟁, 투쟁 상태에 있
다는 것일 수도 있다.

이런 사회에서 지식인은 자기가 무슨 일을 할 수 있는지를
스스로 찾아야 하는 모순적인 상황에 있게 된다. 그렇지 않은
가? 그 누구로부터도 위임장을 받지 못했다면 혼자서라도 그
것을 찾아 나서야 하지 않겠는가? 사르트르는, 이를 위해 지
식인은 TSP로서 "조사자^{enquêteur}"가 되어 탐구를 시작한다고
말한다(PI, 401).

이 과정에서 지식인은 제일 먼저 "자기에 대해 조사"하게
된다. 이는 자연스러워 보인다. 일단 그가 자기 내부로 눈을
돌려 '나는 어떤 존재인가?'를 묻는 일이 가장 긴요해 보인다.

하지만 사르트르는 지식인 자신만 "유일한 탐구 대상이 될 수 없"다고 말한다(PI, 402). 이것은 당연해 보인다. 그도 그럴 것이 지식인은 자기가 속한 사회의 일원으로서 자신만 탐구할 수 없기 때문이다. 또한 지식인은 이 사회에서 자기가 추구하는 보편성과 부르주아계급이 추구하는 특수성 사이의 모순을 자기 안에 간직하고 있기 때문이기도 하다.

지식인은 자기와 자기가 속한 사회를 탐사하기 위해 당연히 자신에게 익숙한 연구 방법을 적용한다. 이 방법은 그가 어렸을 때부터 전문지식을 습득하는 과정에서 줄곧 사용했던 것이다. 사르트르에 의하면 이 방법이란 "탐구의 자유(이의제기의 가능성), 조사와 증거의 엄밀성, 진리의 탐구(존재와 그 존재의 모순을 드러내는 행위), 얻어진 결과의 보편성" 등이다(PI, 402).

하지만 사르트르는 자기와 자기가 속한 사회에 대한 탐구가 충분하게 이루어지기 위해서는 이런 추상적인 연구 방법만으로 충분하지 않다고 본다. 지식인의 탐구가 원만하게 이루어지기 위해서는 탐구 대상이 지니고 있는 특징, 곧 "서로 상반되면서도 또 상호 보완적"인 이중적인 측면이라는 특징을 간파해야 할 필요가 있다는 것이다.

실제로 지식인이 조사하는 특수한 대상은 이중적입니다. 이 두 측면은 서로 상반되면서도 상호 보완적입니다. 사회가 지식인을 만들어 내는 한, 그는 사회 속에서 자기를 파악해야 합니다. 그런데 이 작업은 오로지 그가 특정한 시기에 지식인을 만들어 내는 사회 전체를 탐구할 경우에만 가능할 뿐입니다. 이렇게 해서 자기를 세계 속에 되돌려 보내고, 또 세계를 자기 안으로 되돌려 보내는 끝없는 전환이 이루어집니다. 따라서 지식인의 이와 같은 탐구 대상과 인류학의 탐구 대상을 혼동할 수 없습니다.(PI, 402)

만일 자기와 자기가 속한 사회라는 탐구 대상이 인류학의 탐구 대상과 같다면, 지식인은 이 대상에 대해 충분한 거리를 두고 객관적으로 탐구할 수 있을 것이다. 하지만 그는 조사자의 자격으로 자기가 탐구하는 사회에 속해 있기 때문에 결코 탐구 대상을 객관적으로 탐구할 수 없는 위치에 있게 된다. 이와 마찬가지로 그는 이 탐구 대상에 대해 주관적인 관점만을 취할 수도 없다.[39] 이것이 또 하나의 모순이다.

실제로 지식인이 사회 전체를 '객관적으로' 고려한다는 것은 불가능합니다. 왜냐하면 그는 사회 전체를 자기 내부에서 자신의 근본적인 모순으로 발견하기 때문입니다. 하지만 그가 자신을 단순히 '주관적으로' 문제 삼는 것에만 만족할 수도 없습니다. 왜냐하면 그는 자기를 만들어 낸 일정한 사회 속에 끼여 있는 존재이기 때문입니다.(PI, 402)

사르트르는 지식인이 자기에게 위임장을 부여하는 과정에서 직면하게 되는 이런 모순들로부터 다음과 같은 몇 가지 사실을 도출해 낸다.

첫째, 지식인의 탐구 대상은 방금 지적한 "추상적 방법의 전문화spécialisation de la méthode abstraite"를 요구한다는 사실이다.

---

39 사르트르에게서 이 문제는 이미 『변증법적 이성 비판』에서 다뤄진 것이다. 보통 자연과학 실험에서 실험자가 실험 체계 밖에 위치해 그 결과를 객관적으로, 즉 분석적 이성을 통해 파악하게 된다. 하지만 인간과 사회에 대한 연구에서는 연구자가 연구 대상 밖에 위치해 완전히 객관적으로도, 또 연구 대상 내부에 위치해 완전히 주관적으로도 결과를 파악할 수 없다.

왜냐하면 지식인이 조사자로서 자기와 자기가 속한 사회를 탐구할 때, 그 대상 자체가 이중적인 면을 가지고 있으며, 각각의 면이 서로를 비추고 있기 때문이다. 즉, 탐구 대상이 양의적이기 때문이다.

지식인의 탐구 대상은 방금 지적한 추상적 연구 방법의 전문화를 요구합니다. 명확한 모순을 극복하기 위해서는 관점의 끊임없는 전환이 필요하고, 이 전환 속에서 두 개의 계기 —외면성의 내면화와 내면성의 재외면화[40]— 가 밀접하게 연결되어야 합니다. 서로 모순되는 이 두 항의 연결이 바로 '변증법'입니다.(PI, 402-430)

---

40 사르트르가 『변증법적 이성 비판』에서도 자주 사용하고 있는 이 용어의 의미를 잘 이해하기 위해서는 다음 사실을 유념해야 할 필요가 있다. 방금 지식인은 자신의 기능을 손수 마련하기 위해 자기와 자기가 속한 사회를 탐구한다고 했다. 이때 지식인은 자기 밖의 사회에 대한 파악, 곧 외면성을 자기 안으로 투영해 내면화해야 한다. 또한 지식인은 이 사회에 속해 있기 때문에 이 사회를 파악하기 위해서는 자기의 내부를 사회 안으로 투사해야 한다. 그로부터 지식인→사회→지식인→사회로 향하는 관점의 계속되는 전환이 도출되고, 또 이 전환이 변증법적으로 연결되면서 지식인의 자기와 자기가 속한 사회에 대한 이중적이면서도 상호 보완적인 파악이 이루어지고, 이에 근거해 그는 자신의 역할을 찾게 된다.

둘째, 지식인의 탐구 대상이 갖는 "애매성_{ambiguïté}"은 그로 하여금 "추상적 보편성_{l'universalité abstraite}"에서 멀어지도록 한다는 사실이다. 이것은 지식인이 자기의 역할을 찾기 위해 자기와 자기가 속한 사회를 변증법적으로 탐구할 때, 그가 "자기의 위치를 사회라고 하는 세계 안에 설정해 놓을 필요가 있"다는 것(PI, 403), 즉 그의 "내면화와 외면화의 변증법"이 "상황" 내에서 작동되어야 한다는 것을 의미한다. 이 경우에만 지식인은 이 변증법을 통해 얻게 되는 자기와 자기가 속한 사회에 대한 파악이 '개별적 보편_{l'universel singulier}'의 성격을 띠고 있다는 것을 알게 된다. 그러니까 지식인은 자기의 생각과 사고방식이 어린 시절부터 주입받은 계급적 편견에 의해 특수화된 것임을 파악하게 되는 것이다.

이를 좀 더 쉽게 설명하기 위해 사르트르는 '인종주의_{racisme}'를 예로 든다. 인류가 제국주의 이데올로기로서의 인종주의와 싸우기 위해서는 인류학적 지식에 속하는 보편적 논리로 공격하는 것만으로는 충분치 않다. 물론 보편성 차원에서는 이런 논리가 설득력을 발휘할 수 있을 것이다. 가령, 인종 개념은 생물학적 개념이 아니고, 인종들 사이에는 본질적 차이가 없으며, 이 개념은 유색인종을 억압하고 착취하기 위해 고안되고 사용되어 사회적으로 구성되고 고착된 개념이라는 것 등이 그것이다. 하지만 이와는 달리 인종주의는 매일매일 일상생활에서 나타나는 하나의 구체적 현상이며, 따라서 이것을 일소하기 위해서 지식인은 다음과 같은 조치를 취해야 할 필요가 있다는 것이 사르트르의 지적이다.

> 이처럼 지식인은, 비록 그가 인종주의의 비정상적인 측면을 폭로할지라도, 자기라고 하는 '이 유례없는 괴물'을 가혹하게 되돌아보는 끊임없는 자기 성찰을 통해 유년기부터 뿌리내리고 있는 인종주의를 자기 안에서 일소하지 않는다면, 아무것도 하지 않는 것이나 마찬가지일 것입니다.(PI, 404)

사르트르는 이 인종주의의 예를 통해 지식인이 "자기 고유의 영역 안에 무슨 보편성이라는 것이 미리부터 존재하고 있지 않다는 것, 그것은 영원히 '만들어 가야 할' 것이라는 사실을 깨달은 보편의 기술자"라는 사실을 지적한다(PI, 404). "보편적 인간" 개념도 마찬가지다. 사르트르에 의하면 "인간은 인간의 미래"라는 시인 퐁주의 말처럼, 보편적 인간이란 "이루어 나가야 할 존재"라는 것이다(PI, 405). 요컨대 지식인은 뭔가를 성취하고자 할 때 "너무 성급하게 보편화하고자 하는" 위험을 피해야 한다는 것이 사르트르의 주장이다. 그러니까 지식인은 자기와 자기가 속한 사회를 파악하기 위해 추상적 보편자가 아니라 개별적 보편자의 자격으로 매일매일의 구체적 작업을 해야 한다.

셋째, 이런 이유로 지식인에게 보통 가해지는 다음과 같은 비난, 예컨대 "순수하게 보편적인 것만 중요시하면서 살아가며 '지적' 가치 외에는 잘 모르는 추상적 인간, 항상 부정만 하는 존재, 감성적인 여러 가치에는 무감각한 이론쟁이, 다시 말해 '머리만 큰 사람'"이라는 말은 아무런 의미가 없어 보인다는 사실이다(PI, 405). 이와는 달리 "지식인의 목적은 실천적 주체를 실현하는 것, 그런 존재를 만들어 내고 떠받쳐 줄 수 있는 사회의 여러 원리를 발견해 내는 데" 있다(PI, 406)는 것이 사르트르의 주장이다.

게다가 항상 부정하는 태도를 취하는 지식인이 "거부하는 감수성이 '하나' 있다면, 그것은 '계급적' 감수성"이다(PI, 406). 그러니까 지식인이 이런 감수성을 거부하는 이유는 "보다 더 풍요로운 감수성, 즉 상호적 인간관계에 필요한 감수성"이며, 이런 감수성을 느끼고 확보하는 인간관계에 이르는 길을 자기에게도 제시하고 또 모두에게 제시해야 하기 때문이다. 그로부터 사르트르는 지식인의 실천이 혼자서는 불가능하고, 억압 상태에 있는 계층에 의해서만 이루어질 수 있다는 사실을 강조하면서 지식인의 역할을 위한 길을 암시하고 있다.

이처럼 지식인의 이의제기는 '실천'의 한 '부정적 계기'에 지나지 않는 것인데, 이 실천은 혼자서 수행할 수 없고 오직 억압받고 착취당하는 계급 전체에 의해서만 수행될 수 있는 것입니다. 그리고 이 실천의 적극적인 의미는 ―비록 단순한 예상에 불과한 것일지라도― 먼 장래에 자유로운 인간들의 사회가 도래하리라는 것입니다.(PI, 406)

넷째, "한 개별적 보편자가 다른 여러 개별적 보편자에 대해 행하는 이런 변증법적 작업이 처음부터 추상적으로 이루어져서는 절대로 안 된"다는 사실이다(PI, 407). 이와는 달리 지식인이 자기와 자기가 속한 사회를 파악할 때 구체적 '사건'을 통해 파악해야만 한다. 이런 필요성을 설명하기 위해 사르트르는 또 한 번 인종주의를 예로 든다. 인종주의는 책을 통해 기술되기도 한다. 예컨대 프랑스 언론인 드뤼몽이 쓴 『유대인의 프랑스*La France juive*』라는 책이 그 한 예이다(PI, 407).

지식인이 이처럼 인종주의에서 벗어나기 위해 책을 통해 자신의 사상을 표현할 수도 있다. 하지만 지식인에게 중요한 것은 인종주의를 추상적으로, 이론적으로 파악하는 것이 아니라 하나의 구체적 사건의 "수준에서" 비난하고 고발하는 일, 즉 "행동을 통해" 그것에 맞서 투쟁하는 일이라는 것(PI, 407)이 사르트르의 주장이다. 여기에서 '사건'은 "하나의 사상을 포함하고 있는 사태", 곧 "개별적 보편"으로 이해된다. 그러니까 문제가 되는 하나의 개별적 사건 속에 이 사건이 발생한 사회적, 역사적 맥락이 포함되어 있는 것으로 이해된다. 이것은 지식인이 자신의 역할을 찾고자 할 때, 그가 "항상 구체적 사태와 마주치게 된다는 것, 그리고 그 사태에 대해 항상 구체적인 대답을 가져야 한다는 것을 의미한"다(PI, 408).

다섯째, "지식인의 가장 직접적인 적敵은 내[사르트르]가 '사이비 지식인faux intellectuel'이라고 부르려고 하는 자들, 니장이 '집 지키는 개cheins de garde'라고 이름 붙였던 자들"이라는 사실이다(PI, 408). 사이비 지식인들 역시 TSP인 것은 부인할 수 없다. 하지만 "이들은 부르주아계급의 사주를 받아 자칭 엄격한 논리 ―말하자면 과학적 연구 방법의 산물인 양 제시되는 논리― 를 통해 특수주의적 이데올로기를 옹호하려 든"다.[41](PI, 408) 그렇다고 이들이 단순히 "돈에 팔려" 그렇게 행동하는 것

---

41 이와 관련해 TSP가 취하는 다음과 같은 두 가지 종류의 '탈(脫)계급(déclassement)' 조치는 사르트르의 지식인론을 이해하는 데 유익하다. '상향 탈계급(déclassement par en haut)'과 '하향 탈계급(déclassement par en bas)'이 그것이다. 상향 탈계급은 프티부르주아계급 출신 TSP가 보편성과 특수성 사이의 모순을 자각하고 불행한 의식을 가짐에도 불구하고, 그것으로 괴로워하는 대신 부르주아계급의 이데올로기를 옹호하고, 자신의 전문지식과 기술을 계속 이 계급의 이익을 위해 동원하고 봉사하는 것을 겨냥한다. 한편, 하향 탈계급은 모든 면에서 상향 탈계급과 반대된다. 곧이어 보겠지만, 하향 탈계급을 시도하는 TSP는 방금 언급한 모순과 불행한 의식을 온몸으로 끌어안고서 자기를 키워 주고 교육시켜 준 부르주아계급이 자행하는 억압과 폭력을 드러내고, 고발하고, 또 자신도 자기의 전문 지식과 기술을 보편성에 맞게 사용하는 것을 겨냥할 수도 있다. 이와 같은 하향 탈계급의 경우에만 TSP는 비로소 참다운 의미에서 지식인으로 탈바꿈한다는 것이 사르트르의 주장이다.

만은 아니다.

사이비 지식인들이 지식인들과 비슷한 태도를 취하고, 지식인들처럼 부르주아계급의 이데올로기에 이의제기를 하고 도전하는 경우도 없지 않다. 하지만 그들은 결국 제풀에 지쳐 사라짐으로써 "부르주아계급의 이데올로기는 어떤 도전에도 끄떡없다는 사실을 보여 주는 기만적인 속임수"를 쓰는 것에 불과하다는 것이 사르트르의 주장이다(PI, 408). 그들은 참된 지식인처럼 '아니다'라고 단호하게 말하는 법이 없다. 그 대신 그들은 '아니다, 하지만…', 또는 '나도 잘 안다, 하지만 그래도…'라고 즐겨 말한다. 다시 말해 그들은 항상 구체적 사태를 회피할 준비가 되어 있는 것이다.

사르트르는 사이비 지식인들에게서 볼 수 있는 이런 회피의 자세를 '개량주의자들réformistes'의 태도라고 비판한다. 이에 반해 이미 사회가 만들어 낸 괴물인 지식인은 "급진적radical" 태도를 취한다.

급진주의radicalism와 지식인의 기도企圖는 사실상 동일한 것입니다. 개량주의자들의 '온건한' 논리야말로 지식인에게 지배계급의 원리 자체와 싸울 것인가, 아니면 지배계급과 싸우는 척하면서 그 계급에 봉사할 것인가를 선택해야 한다는 사실을 보여 줌으로써, 지식인이 필연적으로 급진주의적 길로 들어서게 만드는 것입니다.(PI, 409)

사르트르는 알제리 전쟁이나 인도차이나 전쟁에 대한 사이비 지식인들의 반응을 예로 든다. 그들은 어느 편이든 간에 모든 폭력을 반대한다고 입버릇처럼 얘기한다. 하지만 그들은 궁극적으로 식민자에 대한 원주민의 폭력에 반대한다는 입장을 취하고 만다. 그들이 내세우는 논리는 이렇다. 프랑스가 식민자의 자격으로 알제리나 인도차이나에서 자행하는 폭력은 조만간 사라질 최소한의 악이다, 따라서 피식민자들에 대한 식민자들의 폭력은 받아들일 수 있다, 하지만 피식민자들이 자기들을 억압하는 식민자들에 맞서 폭력을 행사하는 것은 용납할 수 없다는 논리가 그것이다. 따라서 참된 지식인이라면 알제리 전쟁이나 인도차이나 전쟁에 마침표를 찍고 진정한 평화가 도래하게끔 하기 위해서는 "오직 피와 눈물"이 요구되며, 전쟁에 끌려들어 간 민족 전체의 승리가 요구된다고 주장할 것이다.

이처럼 참된 지식인들이 취하는 급진적 태도는 필연적으로 "혁명적"이지 않을 수 없다는 것이 사르트르의 주장이다(PI, 410). "왜냐하면 점진적 개혁론이란 TSP들로 하여금 자기들의 고용주, 즉 부르주아계급과 일정한 거리를 두고 있는 듯이 보이게 함과 동시에 이 계급에 봉사할 수 있게 해 주는 눈속임의 논리이기 때문이다."(PI, 410) 이런 눈속임의 논리 속에 은폐된 폭력을 백일하에 드러내면서 실천적 폭로 작업을 수행해 나가는 참된 지식인은, 자기와 자기가 속한 사회를 탐구하는 과정에서 "변증법적 엄밀성과 급진주의라고 하는 길잡이"에만 의지하면서 끝없이 자기의 역할을 탐구해야 한다. 또한 "모든 인간이 자유롭고 평등하고 사랑에 가득 찬 보편성"이 가능해지는 날이 오면 거리낌없이 사라질 수 있어야 한다(PI, 412).

3.2. 지식인과 대중

두 번째 강연의 두 번째 부분의 제목은 "지식인과 대중"이
다. 사르트르는 이 부분을 시작하면서 지식인의 '고독'을 지
적한다. 이는 당연해 보인다. 앞에서도 지적했듯이 그 누구도
그에게 어떤 역할을 위임한 적이 없기 때문이다. 사르트르는
지식인의 이런 고독이 또 하나의 모순과 연결된다고 본다. 지
식인은 다른 사람들과 더불어서만 해방될 수 있을 뿐이라는
모순이 그것이다.

> 지식인은 고독합니다. 그 누구도 그에게 뭔가를 위임한
> 적이 없기 때문입니다. 그런데 —이것이야말로 그가 가
> 진 모순 중의 하나입니다— 그는 다른 사람이 해방되지
> 않으면 그 자신도 해방될 수 없습니다.(PI, 412)

사르트르는 지식인의 이런 모습이 나타나는 이유를 인간
과 그가 속해 있는 "체제système"와의 관계에서 찾는다. 인간은
자기의 목적 실현에서 소외되며, 이것은 부르주아계급에 속

하는 자들에게도 예외가 아니라는 것이다. 왜냐하면 그들도 결국 자기들의 "이익profit"이 내리는 명령에 따라 움직이기 때문이다.[42] 지식인은 이런 이유로 "자기 고유의 모순이 결국 객관적 모순의 특수한 표현임을 깨닫고서, 자신과 타인을 위해 이런 모순과 싸우는 모든 인간에게 연대감을 느끼"게 된다(PI, 412)는 것이 사르트르의 주장이다.

앞에서 지식인은 자기의 역할을 찾기 위해 자기와 자기가 속한 사회를 탐구한다고 했다. 거기에는 이 사회를 지배하는 이데올로기에 대한 탐구도 포함될 것이다. 그런데 그에게는 이런 이데올로기를 연구하는 것만이 자기 임무의 전부가 아닐 것이다. 게다가 그는 이런 이데올로기를 제대로 탐구할 수도 없다. 왜냐하면 이런 이데올로기는 "그 자신의" 이데올로기이기 때문이다(PI, 412). 좀 더 정확히 말하자면 이런 이데올로기는 그의 "생활방식", "자기 코 위에 걸어 놓고 그것을 통해 세계를 보는 안경과 같은 자신의 '세계관Weltanschaung'"과 같은

---

[42] 뒤에서 다시 보겠지만 이런 현상은 "실천적-타성태(le pratico-inerte)" 개념으로 설명된다.

것이다.

이런 이유로 "상황에 의해 철저히 조건 지어진 역사의 하수인"인 지식인이 이런 이데올로기를 제대로 탐구하려면, 또 이를 바탕으로 자신의 고독을 극복하려면, 이런 이데올로기에 대해 "고공 의식conscience de survol"을 가져서는 안 될 것이다(PI, 413). 다시 말해 이런 이데올로기에 대해 "어느 정도 거리"를 두는 것이 필요하며, 또 "누군가의 도움"도 필요하다(PI, 413). 그렇다면 누구의 도움이 필요할까? 사르트르는 이 질문에 대해 이렇게 답한다.

그가 만일 지배계급의 이데올로기를 판단하기 위해 관념적으로 사회 밖에 자리 잡으려 시도한다면, 그는 '기껏해야' 자기와 함께 그 모순을 사회 밖으로 가지고 나가는 꼴이 될 것이고, 잘못하면 (경제적으로) 중간계급 위에 군림하고 있는 거대 부르주아계급과 자신을 일치시킴으로써 아무런 반대 없이 그 계급의 이데올로기를 받아들이는 꼴이 되고 말 것입니다. 따라서 지식인이 자기가 사는 사회를 이해할 수 있는 방법은 단 하나, 가장 혜

택받지 못한 이들의 관점에서 사회를 바라보는 것입니다.(PI, 413)

이렇게 해서 지식인은 자기가 속한 사회의 "맨 밑바닥에서 사회를 바라보는 민중적 사고^{pensée populaire}를 만들어 내고", 지배계급인 부르주아계급과 그 동맹 계급을 "밑에서 위로 '거슬러서' 바라보아야" 하며, "소외된 노동과 먹고살 기본적인 빵의 관점에서" 바라보아야 한다(PI, 414). 요컨대 지식인은 부르주아계급의 허구적인 보편성이 아니라 "특수주의가 사라지고 분열 없는 사회가 출현할 때 가능한 보편성, 부정적 기원을 갖는 구체적 보편성"을 대표해야 한다(PI, 414). 이렇듯 분열 없는 사회의 실현을 겨냥하는 지식인은 혼자서는 실천을 수행할 수 없고, 오직 억압받고 빼앗기는 계층 전체의 도움을 받아야지만 실천을 수행할 수 있다는 것이 사르트르의 주장이다.

그로부터 사르트르는, 프롤레타리아계급에 속한 자들의 목표를 파악하게 된 지식인이 그들과 하나가 되어 개량주의적 환상을 버리고 진정한 "혁명가"가 되어야 하는 필요성을 제시하기에 이른다.

지식인은 자기 위치의 애매성을 분명하게 인식하게 될 것입니다. 또한 그가 변증법이라는 엄격한 방법을 이런 근본적인 진실에 적용할 경우, 그는 부르주아 사회의 진실을 민중 계급 속에서 그리고 민중 계급을 통해서 인식하게 될 것입니다. 그리고 대중이 할 수 있는 일이 오직 대중 자신을 짓누르고 있는 우상을 타파하는 것임을 깨닫게 된 그는, 자기에게 남아 있는 개량주의적 환상을 포기하고 스스로 급진적이 되어 혁명가가 될 것입니다. 이렇게 해서 지식인의 새로운 과제는 민중을 마비시키는 이데올로기들이 '민중 속에서' 계속 되살아나는 것과 싸우는 일이 될 것입니다.(PI, 415)

하지만 지식인이 대중과의 관계를 새로이 설정하게 되더라도 거기에는 여전히 새로운 모순들이 생겨난다는 것이 사르트르의 주장이다. 어떤 모순들일까?

첫째, "무엇보다도 혜택받지 못한 계층 그 자체로는 지식인을 배출할 수 없다는 것"이다. 앞에서도 지적했듯이 프롤레타리아계급은 아직 경제적 여유가 없다. 그런 만큼 이 계급은 객관적 정신을 대변해 줄 자기 계급 내의 유기적 지식인을 배출하지 못한다. 물론 이 계급 출신 중 몇몇은 부르주아계급이 실시하는 장학제도의 특혜를 받고, 또 선발 제도를 드물게 통과해 중간계급과 심지어는 그 위의 부르주아계급으로 편입될 수도 있을 것이다. 하지만 프롤레타리아계급의 "유기적 지식인은, 혁명이 이루어지기 전까지는 '또 하나의^{in adjecto}'의 모순일 뿐"이라는 것이 사르트르의 주장이다(PI, 416).

둘째, 이 첫 번째 모순으로부터 필연적으로 다음과 같은 두 번째 모순이 생겨난다. 지식인이 프롤레타리아계급으로부터 "불신의 눈초리"를 받게 된다는 모순이 그것이다(PI, 416). 이 계급이 자신의 유기적 지식인을 길러 낼 수 없기 때문에, 비록 프티부르주아계급 출신이지만 지식인은 프롤레타리아계급의 객관적 정신을 대변하고자 하며, 나아가 자신의 정밀한 연구 방법의 토대를 민중적 사고에 두려고 애쓴다. 하지만 그의 이런 노력은 프롤레타리아계급의 눈으로 보면 의심스럽기 짝이 없는 것이다. 왜냐하면 지식인은 부르주아계급의 공범자로 여겨지기 때문이다. 요컨대 지식인과 프롤레타리아트 사이에는 넘기 어려운 "두터운 장벽"이 놓여 있다.

이런 모순을 의식하고 있는 TSP들은 자칫 참된 지식인이 되지 못하고 사이비 지식인으로 전락해 버리는 경우가 발생하곤 한다. 그들에게 가해지는 주된 비난은 다음 세 가지이다. 하나는 TSP들이 지금까지 프롤레타리아계급과 접촉해 본 적이 없고 또 이 접촉을 바라지도 않는 이 계급의 객관적 정신을 대변한다는 것은 넌센스라는 것이다. 다른 하나는 TSP들이 프롤레타리아계급에게 보이는 "지나치게 겸허한 태도"나 자기들을 '프롤레타리아'로 칭하거나 또는 '프롤레타리아'인 척하는 위선적인 태도이다. 마지막 하나는 TSP들 사이의 상호 불신이다. 그들은 각자 상대방의 사고방식이 여전히 부르주아의 이데올로기에 젖어 있다고 판단한다.

이런 논의 끝에 사르트르는 지식인이 프롤레타리아계급에 속한 자들에게 봉사하고 그들을 옹호하는 이론을 펼칠 수는 있으나, 실제로 그들을 위한 유기적 지식인이 되는 것, 즉 하향 탈계급화를 실천하는 것이 어렵다는 사실을 지적하고 있다. 이것은 그대로 지식인이 이 계급을 포함해 그 누구로부터도 어떤 역할을 위임받을 수 없다는 증거에 다름 아니다(PI, 418).

3.3. 지식인의 역할

비록 지식인이 그 누구로부터 어떤 역할도 위임받지 않았다고 해도, 그는 스스로 프롤레타리아계급에 속하는 자들과 연대해서 그들의 관점에서 세계를 바라보고, 또 그들의 객관적 정신을 대변하고자 하며, 나아가 그들의 해방에 일조하고자 한다. 물론 그 과정에서 지식인은 자기를 길러 준 부르주아계급으로부터 배신자로 낙인찍히기 십상이다. 프티부르주아계급으로부터 이 계급의 유기적 지식인이 되지 못해 이 계급의 이익을 위해 적극적으로 나서지 않는다는 비난을 받을 수 있으며, 또 프롤레타리아계급으로부터 오는 불신의 눈초리를 감내해야 하는 처지에 있다. 요컨대, 반복하지만 지식인은 고독하다.

그런데 지식인이 특히 프롤레타리아계급과 연대해 스스로 부여한 본분을 수행할 때, 이 계급에 속하는 자들이 필요로 하는 것은 "이데올로기"가 아니라 그들이 처해 있는 상황에 대한 정확하고도 "실천적 진실*vérité pratique*"이라고 할 수 있다(PI, 419). 그들은 자기들에게 불리한 세계를 "변화시키기 위해 세계를 알아야 할 필요"가 있는 것이다. 사르트르는 이 필요성을 이렇게 설명한다.

> 이것은 피착취계급이 '상황 속에 놓이기'를 요구한다는 것(왜냐하면 한 계급에 대한 인식은 다른 모든 계급에 대한 인식과 그것들의 힘의 관계에 대한 인식을 포함하기 때문입니다)을 의미하며, 아울러 자신의 '유기적 목표'와 자신으로 하여금 이 유기적 목표에 도달할 수 있게 해 줄 '실천'의 발견을 요구한다는 것을 의미합니다.(PI, 419)

이렇듯 프롤레타리아트가 자신들의 계급에 대한 실천적 진실을 갖는 것이 관건이다. 이 실천적 지식은 그들이 자신들의 계급에 대한 "계급의식conscience de classe"(PI, 419)을 갖는 것과 동의어라는 것이 사르트르의 주장이다. 그리고 이 계급의식은 다음과 같은 두 가지 요소 사이의 변증법적 관계의 파악과 동의어로 여겨진다. 즉, 이 계급이 자신의 "역사적 특수성 속에서 자신을 파악하고자 하는 요구"와 "보편화를 위한 자신의 싸움 속에서 자기 자신을 파악하고자 하는 요구"(PI, 419)라는 두 요소 사이의 변증법적 관계가 그것이다.

하지만 문제는 프롤레타리아트가 자신들의 역사적 특수성은 물론, 보편화를 위한 투쟁, 가령 억압, 착취, 소외, 불평등, 폭력에 대한 투쟁, 자신들의 희생에 대한 투쟁 속에서도 자신들의 모습을 제대로 파악할 수 없다는 데 있다. 또한 그들에게는 다른 계급에 대한 인식과 거기에 속한 자들과의 힘의 관계를 파악할 능력도 부족하다. 게다가 그들 자신을 개별적 보편으로 파악하는 능력도 부족하다. 왜냐하면 그들은 고등교육을 받을 기회가 충분히 보장되어 있지 않기 때문이다. 이런 부족함을 채워 주면서 지식인이 프롤레타리아트에게 봉사할 수 있는 것은 정확히 그들이 자신들의 계급에 대한 계급의식을 갖는 차원에서라는 것이 사르트르의 주장이다.

사르트르는 또한 지식인이, 프롤레타리아트가 자신들의 계급에 대한 계급의식을 갖게끔 하기 위해서는 다음과 같은 요건이 구비되어야 한다고 본다. 하나는 지식인이 결코 보편적 지식을 가진 전문가가 아니라는 요건이다. 왜냐하면 지식인도 프롤레타리아트도 모두 "특정 상황 속에 놓여 있기" 때문이다(PI, 419). 다시 말해 모두가 자신들의 특수성에서 출발해야 한다. 다른 하나는 지식인은 정확하게 "개별적 보편자"여야 한다는 요건이다(PI, 419). 이는 당연하다. 그도 그럴 것이 지식인이 자기 자신과 그가 속한 사회 전체, 보다 구체적으로 그가 속한 계급과 다른 계급 사이의 역학 관계를 파악하지 못한다면, 그는 프롤레타리아계급과의 관계를 정립할 수 없을 것이기 때문이다. 그로부터 사르트르는 "보편화를 향한 지식인의 노력"과 "프롤레타리아계급의 운동 사이에는 상관성이 존재한"다고 본다.

이런 상관성에 유념하면서 지식인은 개별적 보편자의 자격으로, 자신이 상황 속에 놓인 존재라는 사실을 의식하고, 또 이 상황으로부터 얻은 경험을 이용해 프롤레타리아계급에 속하는 자들 역시 상황에 놓인 존재라는 것을 자각하게끔 하기 위해, 또 이 계급의 보편화를 위한 노력을 스스로 파악하게 해줄 수 있다는 것이 사르트르의 주장이다. 요컨대 지식인은 그들이 자신들이 속한 계급에 대한 의식적 자각을 하도록 해 줄 수 있다는 것이다.

정확하게 이 수준에서 지식인을 만들어 낸 모순이 그로

하여금 보편적인 방법(역사적 방법, 구조에 대한 분석, 변증법)을 통해서 프롤레타리아의 역사적 개별성을 다룰 수 있게 해 주며, 또 프롤레타리아의 개별성(프롤레타리아가 개별적인 역사로부터 비롯되기 때문에 갖게 되는 개별성, 그리고 프롤레타리아가 혁명의 '구현'을 요구하기 때문에 간직하게 되는 개별성) 속에서 보편화를 위한 노력을 파악할 수 있게 해 줍니다. 이와 같은 변증법적 방법을 적용할 때, 보편적인 요구에 입각해 특수한 것을 파악할 때, 보편적인 것을 보편화를 향한 개별성의 운동으로 환원할 때, 자기를 구성하는 '자기의 모순을 의식한' 지식인은 비로소 프롤레타리아의 의식적 자각에 도움을 줄 수 있게 되는 것입니다.(PI, 420)

이런 과정을 거쳐 지식인이 프롤레타리아트를 도울 수 있으려면 다음과 같은 두 가지 사실에 유념해야만 한다. 첫째, 지식인의 "끝없는 자기비판"이다(PI, 420). 이는 당연해 보인다. 그도 그럴 것이 지식인은 일시적인 안위, 자기기만 등으로 인해 보편성을 위해 일한다고 생각하지만, 항상 부르주아계급의 특수성을 위해 일한다는 모순을 망각하는 "함정"에 빠질 수 있기 때문이다. 이런 이유로 지식인은 끊임없이 자기가 프티부르주아계급 출신이라는 사실을 인정하고, 급진적이고 혁명적이 되면서 자신이 이 계급에 속한다는 사실에서 기인하는 여건을 조금씩 거부해 나가야 한다.

따라서 지식인이 노동자의 편에 가담할 수 있으려면 "나는 더 이상 프티부르주아가 아닙니다. 나는 보편적인 것 속에서 자유롭게 살아가고 있습니다"라고 말해서는 안 됩니다. 오히려 그와 정반대로 나는 프티부르주아입니다, 나의 모순을 해결하기 위해서는, 내가 노동자, 농민계급 편에 섰다고 할지라도, 나는 여전히 프티부르주아로서 '존재하는' 것을 멈추지 않았습니다, 단지 나는 끊임없이 나를 비판하고 급진적으로 되게 함으로써 —나 이외의 그 누구와도 상관없이— 나의 프티부르주아적 여건을 조금씩 거부해 나갈 수 있습니다라고 생각해야 합니다.(PI, 421)

둘째, 프롤레타리아트의 "행동에 대해 구체적으로 또한 철저하게 연대를 맺어야" 하고, 또 이 연대를 강화하기 위해서는 "이론"보다는 "실천"으로 옮겨 가야 한다(PI, 422). 지식인에게 중요한 것은 이론에 의지해 행동을 판단하고, 이 행동에 필요한 것을 지시하는 것이 아니다. 그 반대로 그에게 중요한 것은 오히려 그가 진행 중에 있는 이 행동, 가령 파업 등에 적극 가담하고, 거기에 구체적, 적극적으로 참여하며, 이 행동의 성격을 해부하면서 그 의미와 가능성들을 밝혀 주는 것이다. 이 경우에 지식인은 프롤레타리아계급에 속한 자들과의 관계에서 자기를 "자기에게 낯설면서도 친숙한 하나의 힘"으로 파악하게 될 것이다. 요컨대 그들에게 다가가는 그는 "갈갈이 찢긴 채 다시 이어 붙일 수 없는 분열된 의식을 지닌 인간"으로서인 것이다(PI, 422).

지식인은 이렇듯 프롤레타리아계급에 의해 주도되는 운동에 완전히 합류할 수는 없을 것이다. 왜냐하면 그에게는 출신계급인 프티부르주아계급과 그를 교육시켜 준 부르주아계급의 영향이 뿌리 깊게 박혀 있기 때문이다. 특히 부르주아계급은 그를 배신자로 낙인찍을 공산이 크다. 그렇다고 그가 프롤레타리아계급에 의해 주도되는 운동 밖에 전적으로 서 있을 수도 없을 것이다. 왜냐하면 이 경우에 그는 이 계급으로부터 의심의 눈초리를 받게 되고, 급기야는 그와 이 계급 사이에 놓여 있는 상관성이 약해지거나 부인될 것이기 때문이다. 사르트르에 의하면 지식인은 이와 같은 분열된 의식을 가진 상태에서 비로소 그의 임무를 시작할 수 있게 된다.

특권계급으로부터 추방되고 그러면서도 혜택받지 못한 계급으로부터는 수상쩍은 눈길을 받으면서(그가 이 계급에 제공하는 문화 자체로 인해) 지식인은 이제 자기의 일을 시작하게 됩니다.(PI, 423)

그렇다면 지식인은 이런 상태에서 어떤 역할을 할 수 있을까? 이 질문에 답하면서 사르트르는 "지식인의 기능"이라는 제목이 붙은 두 번째 강연의 결론을 내리고 있다. 사르트르에 의하면 지식인의 역할은 다음과 같이 규정된다.

1) "대중 계급 내에서 계속 되풀이되어 나타날 이데올로기와 싸우는 것"이다.

2) "부르주아계급에 의해 주어진 자본으로서의 지식capital-savoir을 민중문화를 고양하기 위해 사용하는 일이다. 말하자면 보편적 문화의 기초를 닦아야 한다."

3) "필요하다면, 그리고 '현재 같은 상황에서는' 혜택받지 못한 계급 안에서 TSP들이 배출되도록(이 계급 자체로는 그것이 불가능한 일이기 때문에) 해야 하며, 그들로 하여금 프롤레타리아계급의 유기적 지식인들이 될 수 있도록, 또는 그런 지식인들에(이들을 참조한다는 것은 사실상 불가능하다) 가장 가까운 전문가들이 되도록 해야 한다."

4) "지식인 고유의 목적(지식의 보편성, 사상의 자유, 진리)을 되찾고, 그 속에서 투쟁을 통해 도달해야 할 '만인을 위한' 현실적인 목표, 즉 인간의 미래를 보아야 한다."

5) "눈앞의 당면과제를 넘어서, 궁극적으로 성취해야 할 목표, 즉 프롤레타리아계급의 역사적 목표로서의 보편화를 보여 줌으로써 진행 중에 있는 행동을 급진적인 것으로 만들어야 한다."

6) "'모든 권력에 대항해'(대중 정당이나 프롤레타리아계급의 조직 기구에 의해 표현되는 정치권력까지 포함해서) 대중이 추구하는 역사

적 목표의 수호자가 되어야 한다.”

이와 같은 역할을 제대로 수행한다면 지식인과 프롤레타리아계급 사이의 상관성은 제대로 기능하게 될 것이라고 사르트르는 내다보고 있다. 바꿔 말해 TSP는 하향 탈계급화를 수행하면서 지식인으로 탈바꿈하게 될 것이다.

이제 우리의 탐구의 종착역에 도달한 것 같습니다. 지식인은 실용적인 지식을 가진 자이며, 그의 주된 모순(직업에서 비롯되는 보편주의와 출신 계급에서 비롯되는 특수주의)에 의해 혜택받지 못한 계급의 보편화 운동에 가담하게 되었다는 것을 우리는 알게 되었습니다. 왜냐하면 지배계급이 ‘지식인’의 것이 아닌 목표, 따라서 평가할 권리도 없는 그런 특수한 목표를 위해 지식을 도구 차원으로 전락시키는 것에 반해, 혜택받지 못한 계급은 지식인과 근본적으로 동일한 목표를 가지고 있기 때문입니다.(PI, 426)

하지만 이렇게 지식인에 대해 정의를 내리더라도 문제가

여전히 남는다. 지식인은 그 누구로부터도 어떤 역할을 위임받은 일이 없다는 것이 그것이다. 그는 부르주아지로부터는 계속해서 "배신자"라는 딱지를, 프롤레타리아트로부터는 "의심의 눈초리"를 받는다. 설사 그가 민중 정당에 가입했다고 해도, 그는 그 속에서조차 "유대감과 소외감"을 동시에 맛보게 된다(PI, 426). 그도 그럴 것이 그는 이 정당 속에서조차 권력과 언제든지 충돌할 수 있는 잠재성을 가지고 있기 때문이다. 그로부터 지식인의 "동화될 수 없는 존재", "불필요한 존재", 어떤 계급에도 끼어들지 못하는 존재의 모습이 기인한다고 할 수 있다.

> (…) 어디를 가도 그[지식인]는 '동화될 수 없는 존재'입니다. 지식인은 자신의 계급에 대해 원하는 것이 없으며, 그 계급도 그에 대해 더 이상 무엇을 바라지 않습니다. 그렇다고 어떤 다른 계급이 그를 받아 주려 하지도 않습니다. 그러니 지식인의 '기능'에 대해 무슨 말을 할 수 있을까요? 지식인이란 차라리 '잉여 존재', 중간계급이 어쩌다 '실수로 만들어 낸' 존재, 자신의 불완전함으로 인

해 혜택받지 못한 계급의 주변에서 살아가려고 애쓰면서도 결코 그 계급에 끼어들지 못하는 존재가 아닐까요?(PI, 426)

이런 이유로 많은 사람이 —모든 계층에서— 지식인이란 존재하지도 않는 기능을 떠맡으려 드는 자라고 생각하게 된다. 이는 부인할 수 없는 사실이다. 하지만 "지식인은 자신의 고유의 모순 —이것은 그의 '기능'으로 바뀐다— 에 의해 그 자신과 결과적으로 '모든 인간을 위해' 의식을 일깨우는 일을 하게 된다."(PI, 427) 이로 인해 지식인은 정확히 모든 사람의 눈에 수상쩍게 보인다. 이는 달리 진행될 수 없다. 왜냐하면 그는 '출발점에서' 이의를 제기하는 자, 따라서 잠재적 배신자이기 때문이다. 그러나 또 다른 관점에서 보면 그는 '모든 인간을 위해' 이런 반성적 자각을 수행하는 것이다. 그리고 그의 '뒤를 이어' 모든 사람이 반성적 자각을 수행할 수 있을 것이다.

그 과정에서 상황적 존재, 역사적 존재로서 지식인은 역사적 무지, 자기 지식의 한계 등으로 인해 실수를 저지를 가능성이 없지 않다. 그는 계급적 편견에 사로잡혀 획득된 보편성과 진행 중인 보편성을 혼동할 수도 있다. 왜냐하면 그는 자기가 속한 사회를 미래의 눈으로 보는 것이 아니라 지금, 여기, 곧 현재의 눈으로 보기 때문이다. 지식인은 또한 그 과정에서 "고독"에서 벗어날 수도 없다. 비록 그가 프롤레타리아계급과 연대하면서 행동하기로 마음먹는다고 해도 그는 이 계급의 "유기적 지식인"이 될 수 없다. 그에게 고독은 "운명"이라는 것이 사르트르의 주장이다. 고독은, 지식인의 벗어날 수 없는 "운명"이다.

하지만 이 고독은 지식인의 '운명'입니다. 왜냐하면 이 고독은 그의 모순에서 비롯된 것이기 때문입니다. 지식인은 '고독'에서 벗어날 수도 없습니다. 비록 그가 피착취계급과 밀접한 관계를 유지한다고 해도 그렇습니다. 그가 이 계급의 '유기적 지식인'이 될 수 없습니다. 또 실패의 순간에도 그가 지식인 신분에서 사이비 지식인 신분으로 전락하지 않는 한, 그는 공허하고 기만적인 말로 발뺌함으로써도 '고독'을 외면하지 못할 것입니다.(PI,

429-430)

이런 의미에서 지식인은 그가 몸담고 있는 사회의 "증인" 이라기보다는 오히려 "순교자"에 비교되기도 한다(PI, 429). 지식인이 "쓸 수 있고 말할 수 있는 한", 그는 "지배계급의 헤게모니를 거부하고 민중 조직의 기회주의에 반대하며, 그것들로부터 민중을 지키는 민중 계급의 옹호자"로 남고자 한다(PI, 429). 결국 지식인이 자기 모순을 파악하고 살아가는 것은 "모든 사람을 위해서"이며, 또 급진적이고 혁명적인 태도로 이 모순을 극복하고자 하는 것도 역시 "모든 사람을 위해서"이다(PI, 430). 이렇게 해서 지식인의 고독은 그로 하여금 진정한 민주주의의 옹호자가 되게 한다는 것이 사르트르가 내리고 있는 두 번째 강연의 결론이다. 바꿔 말해 인간이 인간의 희망이자 미래인 세계 건설의 선봉장이 되어야 한다는 것이다.

지식인의 임무는 '모든 사람을 위해' 자신의 모순 속에서 사는 일이며, '모든 사람을 위해' 급진주의에 의해(즉 진리의 기술을 환상과 거짓에 적용함으로써) 자신의 모순을 넘어서는 것입니다. 그는 자신의 모순에 의해 '민주주의'의 수호자가 됩니다. 그는 부르주아 '민주주의'의 제諸권리가 지니는 추상적 성격에 맞서 저항하게 됩니다. 물론 그것은 그가 그런 권리를 폐지하고 싶어 하기 때문이 아닙니다. 그것은 그 자유의 '기능상'의 진리를 민주주의가 속에 보존하면서 사회민주주의의 구체적 진리로써 부르주아 '민주주의'의 추상적 권리를 보완하고자 하기 때문에 저항하는 것입니다.(PI, 430)

4장

—

제3강연:
작가는 지식인인가

9월 27일 교토회관에서 열린 세 번째 강연의 제목은 "작가는 지식인인가"이다. 앞에서 사르트르의 모든 칭호, 그중에서 작가 또는 참여 작가 역시 지식인이라는 칭호로 포괄할 수 있을 것이라고 했다. 그런데 사르트르는 이 강연에서 이 문제를 직접 제기하고, 거기에 답을 하고 있다.

사르트르가 쓴 많은 글 가운데 가장 밀도가 높으며, 그런 만큼 가장 어려운 글 중 하나가 이 세 번째 강연을 정리한 글이 아닌가 한다. 그의 언어와 문학에 대한 이전의 성찰, 예컨대 『존재와 무』(1943),[43] 『문학이란 무엇인가*Qu'est-ce que la* *littérature?*』(1948), 「검은 오르페우스*Orphée noir*」(1948), 『성자 주네: 배우와 순교자*Saint Genet: Comédien et martyr*』,[44] 「작가와 그의 언어*L'écrivain et sa langue*」,[45] 『말라르메: 명석성과 그 어두운 면*Mallarmé: La lucidité et sa face d'ombre*』,[46] 『변증법적 이성 비판』(1960)[47] 등에서

---

43 사르트르는 『존재와 무』에서 '언어'를 '대타존재' 부분에서 심도 있게 다루고 있다. 그에 의하면 언어는 나와 타자가 모두 '주체'와 '주체'의 자격으로 맺는 존재 관계 중 하나로 이해된다.

44 1952년 단행본으로 출간된 이 책은 원래 갈리마르 출판사가 사르트르에게 주네 전집의 서문으로 청탁한 글이다. 692쪽 분량이기 때문에 이 서문이 주네 전집의 제1권으로 출간되었다. 사르트르는 이 서문을 1949년부터 쓰기 시작했으며(LES, p. 32), 1950년에 마칠 예정이었다.

45 사르트르가 피에르 페어스트라에텐(Pierre Verstraeten)과 가진 대담으로, 처음에 『미학 잡지(*Revue d'esthétique*)』(juillet-décembre 1965)에 실렸다가 『상황』 제9권(*Situations, IX*, Gallimard, 1972, pp.40-82)에 재수록되었다. 사르트르는 그를 자신의 후계자로 여길 정도였다. 이 대담에는 작가와 언어에 대한 관계가 상세하게 다루어지고 있다.

46 사르트르는 이 책을 1947-1948년 사이에 처음 쓰기 시작했다. 약 500여 쪽을 썼으나 많은 부분이 분실되었다. 『오블리크(*Obliques*)』(nº 18-19, 1979, pp.169-194)에 실린 「말라르메의 참여(L'engagement de Mallarmé)」는, 그가 1952년에 쓴 미완성의 글(원래 약 130여 쪽)의 일부가 아닌가 한다. 그의 양녀 아를레트 엘카임사르트르(Arlette Elkaïm-Sartre)는 이 글을 포함해 「말라르메(1842-1898)(Mallarmé(1842-1898))」(1953년에 사르트르가 레몽 크노(Raymond Queneau)의 감수하에 "유명한 작가들(Ecrivains célèbres)" 총서 제8권에 포함할 목적으로 쓴 글이며, 『상황』 제9권(*Situations, IX*, Gallimard, 1972, pp.191-201)에 재수록되었다)를 더해 1986년에 『말라르메: 명석성과 그 어두운 면』을 갈리마르 출판사의 '아르카드(Arcades)' 총서에서 유고집으로 출간했다. 사르트르는 1952년 출간된 『성자 주네: 배우와 순교자』에 집중하기 위해 말라르메에 대한 집필을 포

다뤄지고 있는 그의 언어관, 참여 문학론, 시와 산문의 구분, 시의 참여 가능성, 의미(또는 의미작용)signification와 의의sens의 구분 등이 이 강연에 집약되어 있다. 이런 이유로 이 세 번째 강연을 사르트르의 "후기의 문학론의 정점으로 생각"할 수도 있을 것 같다.[48]

이 강연은 제목이 붙어 있지 않은 네 부분(I-IV)으로 구성되어 있다. 이 네 부분을 따라 이 강연을 읽으면서 끝부분에서 사르트르가 내리고 있는 결론, 즉 지식인은 본질적으로 지식인이라는 결론에 이르는 과정과 그 의미를 살펴볼 것이다.

기했다(LES, p.262).
47 사르트르는 『변증법적 이성 비판』에서 '언어'를 "실천적-타성태"의 한 예로 다루고 있다. 이 점에 대해서는 곧이어 다시 살펴보게 될 것이다.
48 정명환, 『문학을 찾아서』, 민음사, 1994, 157쪽.(이 책의 제1부(사르트르의 문학참여론에 대한 비판적 고찰, 9-185쪽)는 그의 문학론을 '참여'의 관점에서 상세하게 다루고 있으며, 특히 제4장(의의를 통한 참여, 130-185쪽)은 "작가는 지식인인가"라는 제목의 이 세 번째 강연에 대한 상세한 해설이다.)

4.1. 문제의 제기

사르트르는 세 번째 강연을 시작하면서 앞의 두 강연에서 제시된 지식인의 상황을 떠올리면 작가는 지식인인가라는 질문을 던지고 있다.

우리는 지식인의 상황을 그의 내부에 있는 실용적 지식(진리, 보편성)과 이데올로기(특수주의) 사이의 모순을 통해 정의해 보았습니다. 이 정의는 교육자, 학자, 의사 등에게 적용됩니다. 그렇다면 이런 의미에서 작가는 지식인일까요?(PI, 430)

사르트르는 이 질문에 대해 작가도 지식인이 갖는 대부분의 기본 특성을 갖지만 창작자로서 그가 하는 사회적 행위는 본래 "보편화와 실용적 지식"을 목적으로 삼고 있지 않은 것 같다고 답한다(PI, 430). 그러니까 작가는 지식인이 직면하는 문제에서 동떨어져 있는 것같이 보인다는 것이다. 다음과 같은 이유에서이다.

첫째, 작가가 미^美를 추구하기 때문이다. "미가 하나의 특수한 드러내기^{dévoilement}의 양식일 수도 있지만, 아름다운 작품 속에서는 그 효과가 매우 축소되고, 어떤 점에서는 작품과 미의 관계가 반비례하는 것처럼 보이는 것은 부정할 수 없다(PI, 431). 둘째, 작품의 토대를 "전통이나 이데올로기적 특수주의"에 두고 있는 훌륭한 작가들도 있기 때문이다(PI, 431). 셋째, 자신의 체험이나 절대적 주체성의 이름으로 작품을 쓰며, 그렇게 함으로써 보편성을 띠는 "이론"을 무색하게 하고, 또 그 발전을 저해할 수도 있기 때문이다(PI, 431). 넷째, 독자가 작품에서 읽는 내용을 "지식"이라고 부를 수는 없기 때문이다(PI, 431).

그렇다면 작가는 처음부터 특수주의를 선택한 사람으로 규정해야 되지 않은가? 작가는 지식인의 속성인 보편성과 특수성 사이의 모순 속에서 살고 있지 않은 사람이라고 말이다. 또한 지식인은 사회 속으로 통합을 계속 추구하는데도 결국 고독과 조우하는 데 반해, 작가는 처음부터 고독을 선택하려 한 것이 아닐까? 만일 그렇다면 작가는 자기의 글쓰기 예술을 완성하는 것 말고는 어떤 임무도 지니고 있지 않다고 할 수 있을 것이다.

이처럼 작가는 처음부터 특수주의를 선택하고, 또 고독을
선택한 것처럼 보인다. 하지만 작가들이 현실에서 여전히 "참
여하고" 있는 것은 사실이며, 지식인과 한 몸으로는 아니더라
도 그들의 곁에서 보편화를 위해 투쟁하고 있다는 것도 역시
사실이다. 이런 지적 후에 사르트르는 이 세 번째 강연에서
다룰 주제를 다음과 같이 정식화한다.

> 이것은 그들의 예술 외적인 이유(역사적 정세)에서 비롯
> 되는 것일까요, 아니면 방금 지적한 모든 것에도 불구하
> 고 그들의 예술 자체에서 발생하는 요구일까요? 우리
> 가 함께 검토해 보아야 할 문제가 바로 이것입니다.(PI,
> 431)

4.2. 논의의 범위

이렇게 제기한 문제를 검토하기 위해 사르트르는 먼저 논
의의 범위를 한정한다. 그는 모든 작가가 아니라 "현대 작가",

즉 "2차 세계대전" 이후인 1950-1970년대에 활동한 작가들, 그중에서도 자신을 "산문가로 자처하는 시인poète qui se déclare prosateur"[49]만을 문제 삼고자 한다.

글쓰기의 역할, 대상, 방법, 목적은 역사의 흐름에 따라 변해 왔습니다. 그러므로 글쓰기 문제를 그 일반성 속에서 고찰할 필요는 없습니다.[50] 우리는 여기에서 현대의

---

49 사르트르는, 참여 문학론의 경전으로 여겨지는 『문학이란 무엇인가』에서 산문과 시를 엄격하게 구별하면서, 산문은 언어를 도구로 이용하는 반면, 시는 언어를 하나의 사물로 여기고 있다고 말한다. 그러면서 시, 특히 보들레르 이후의 시를 참여에서 제외하고 있다. 그러면서 이렇게 말하고 있다. "특히 이른바 시적 산문(prose poétique)이라고 불리는 문학적 행위만큼 해로운 것은 없다. 시적 산문은 분명한 의미와 모순되는 막연한 의의로 이루어진 분명치 않은 하모니가 울려 퍼지도록 하기 위해 말들을 이용한다."(Jean-Paul Sartre, *Situationsn II, op. cit.,* p.305.) 하지만, 앞에서 언급한 것처럼, 주네, 말라르메에 대한 연구에서는 물론, 플로베르에 대한 연구에서도 다뤄지게 될 작가와 언어 문제 등에 대한 성찰을 토대로 이 세 번째 강연에서는 시와 산문의 구분을 지양하고, 산문가로 자처하는 시인의 일상어 사용법을 다루고 있다. 그러니까 사르트르는 여기에서 산문의 시에로의 통합을 시도하고 있다. 이런 점에서 『문학이란 무엇인가』와 "작가는 지식인인가"라는 제목의 세 번째 강연 사이에 놓여 있는 거리를 가늠해 볼 수 있다.

50 이런 지적에도 불구하고 사르트르는 세 번째 강연의 뒷부분에서 17, 18, 19세기 및 20세기 초반에 활동했던 작가들을 다루면서 문학 일반론으로까지 나아가고 있는 것처럼 보인다.

작가, 즉 2차 세계대전이 끝난 뒤, 자연주의가 자취를
감추고, 사실주의는 의문시되고 있으며, 상징주의 또한
그 위력과 싱싱함을 잃어버린 시대에 살고 있는 작가,
자신을 '산문가'로 자처하고 있는 '시인'만을 살펴보기로
하겠습니다.(PI, 432)

이렇게 논의의 범위를 한정한 다음, 사르트르는 이 현대
작가를 "일상어langue commune"[51]를 재료로 삼는 사람이라는 사

---

51 "일상어" 또는 "공통어" 등으로 옮길 수 있으나, 여기에서는 편의상 "일상어"로 옮
기기로 한다. 한글을 예로 들자면, 작가가 실제로 사용하는 한글과 보통 사람들이
사용하는 한글 사이에는 차이가 없다. 하지만 작가는 이런 한글을 사용해 문학적
효과를 낸다. 사르트르는 세 번째 강연에서 작가의 이런 언어 사용에 주목한다.
이와 관련해 러시아 형식주의자들이 내세우는 이른바 일상어의 문학적 언어로의
변화, 즉 "낯설게 하기" 개념은 유익하다. 가령, '의자'라는 단어가 일상생활에서 의
사소통을 위해 사용될 때, 그것은 단순히 "사람이 그 위에 앉는 물건"이라는 정확
한 의미를 갖는다. 하지만 이 단어가 시나 소설 등에서 사용되는 경우, "기다림",
"희망", "휴식" 등의 여러 '의미'를 갖게 되면서 '의의'로 확장된다. 사르트르는 세 번
째 강연에서 이런 현상에 대해 상세하게 다룬다. 또한 일상어 사용의 문제는 문학
연구에서 중요한 개념 중 하나인 '문학성(littératité)'과도 밀접하다. 다시 한번 한글
의 예를 들면, 지리 교과서나 화학 교과서에서 사용되는 한글과 시나 소설에서 사
용되는 한글에는 별다른 차이가 없다. 하지만 시와 소설은 지리, 화학 교과서의 글
과는 확연히 구분된다. 이때 시와 소설을 각각 시와 소설이게끔 하는 문학적 장치
가 무엇인가 하는 것을 밝히는 것이 중요하며, 이것이 바로 문학성 개념과 연결되

실을 출발점으로 삼는다. 여기에서 일상어는 "같은 사회 구성원들의 모든 진술을 실어 나르는 수레 역할을 하는 언어"를 의미한다(PI, 432). 그러니까 사람들이 일반적으로 생활하면서 사용하는 언어를 가리킨다. 그런데 보통 작가의 기능은 "표현하는 것exprimer"이라고 여겨지고, 작가는 "뭔가 할 말quelque chose à dire"이 있는 사람으로 여겨지기도 한다(PI, 431). 하지만 사르트르는 이런 사실에 이의를 제기한다.

사르트르에 의하면 인간은 누구나 뭔가 할 말을 가지고 있다. 실험 결과를 보고하는 학자이든, 교통사고의 보고서를 작성하는 교통순경이든 간에, 모든 사람은 뭔가 할 말을 가지고 있다. 그런데 뭔가 그 해야 할 말 중에서 작가에 의해 표현되기를 요구하는 것은 하나도 없다. 좀 더 정확히 말해 모든 이야기 중에서 작가가 이야기하지 않으면 안 되는 것은 없다. 이는 작가가 뭔가 말할 것을 가지지 않았다는 것[52]과 동의어

어 있다. 그런 장치 가운데 하나가 바로 의의를 산출해 내는 장치라는 것은 분명하다. 사르트르가 세 번째 강연에서 다루고 있는 문제 중 하나가 바로 이것이다.

52 사르트르 자신의 말에 따르면 이 단언은 이렇게 해석되어야 한다. "작가가 기본적으로 아무 할 말도 가지지 않은 것은 사실입니다. 그 의미는 그의 기본적 목적이

이다.

물론 작가가 "이야기를 꾸미는 기술^{technique du récit}"을 어느 정도 가지고 있다고 생각하기 쉽고, 또 내용은 어디에서든 올 수 있다고 생각하기 쉽다. 하지만 이런 생각이 가능한 것은 형식이 어떤 특정의 내용들을 요구하고, 또 다른 내용들을 거부할 수도 있다는 사실을 잊고 있기 때문이다.

4.3. 일상어: 대조되는 두 가지 사용법

사르트르는 이처럼 일상어에 대한 정의를 내리고 나서, 작가는 "일상어 속에서만 ―그의 [글쓰기] 예술을 위한― 수단을 가질 수 있"다고 단언한다(PI, 433). 이는 작가가 자신의 창작을 위한 어떤 특별한 언어도 가지고 있지 않음을 의미한다. 물론 작가가 자신의 사상이나 느낌을 표현하고 전달하기 위해 신조어^{néologisme}를 고안해 내는 경우는 허다하다. 하지만 작가도 대부분의 경우 일상어를 사용한다.

――――

'지식'을 전달하는 데 있지 않다는 것입니다."(PI, 444)

하지만 작가가 이 일상어를 사용하는 방법과 보통 사람이 이 언어를 사용하는 방법은 아주 다르다. 보통 사람이 이 언어를 사용하는 방법은 이렇게 제시될 수 있다. "최대한의 정보"와 동시에 "최소한의 비정보désinformation"[53]를 전달하는 방법이 그것이다(PI, 433). 이 방법은 가능한 한 정확한 정보 전달에 초점을 맞춘다. 이 방법을 통해야만 일상생활은 물론 전문 영역에서도 의사소통이 원만하게 이루어질 수 있을 것이다.

예컨대 인류학을 포함해 엄밀한 학문에서 사용하는 기술적, 개념적 언어를 보자. 이런 종류의 언어는 각각의 어휘에 대한 정확한 정의가 가능하고, 기호 체계가 역사에 의해 부과되는 비정보의 영향에서 크게 벗어나 있으며, 사용자들의 협약을 거친 언어일 것이다. 만일 엄밀한 학문에서 얻어진 결과가 이런 언어에 실려 운반되지 않는다면 그 결과는 학문적인 결과로 인정받기 어려울 것이다.

그런데 일상어를 사용하는 방법은 이것만이 전부가 아니

---

[53] 'désinformation'은 '정보 왜곡', '정보 조작' 등의 의미도 가지고 있으나, 여기에서는 '비(非)정보'로 옮긴다.

다. 이 방법과 정반대되는 방법도 있다. 이를테면 작가가 사용하는 방법이 그것이다. 이 방법은 일상어를 통해 최소한의 정보를 전달함과 동시에 최대한의 비정보를 전달하고자 하는 방법이다. 사르트르는 이 방법을 일상어가 갖는 물질적 힘 또는 물질성materialité을 통해 설명한다.

사르트르에 의하면 일상어는 그 사용자에게 일종의 물질적 힘으로 작용한다. 더군다나 이 사용자는 그 힘에 복종할 수밖에 없다. 각각의 언어는 고유한 특징을 가지고 있다. 언어는 그 사용자의 의지와는 무관하게 이미 존재하고 있다. 언어는 그가 태어나기도 전에 그가 속한 사회의 구성원들 사이의 협약에 의해 이미 형성된 것이다. 또한 언어는 그를 에워싸고 있는 구조로서도 기능한다. 그가 이 언어를 익히고 사용하기 위해서는 이런 협약을 지켜야 하는 것은 물론, 이 구조로부터 오는 힘에도 복종해야 한다. 그러니까 언어를 사용하는 자는 자기가 말하는 것이 아니라 오히려 언어가 그를 통해 말해진다고 할 수 있다. 사르트르는 정확히 언어가 가진 이런 물리적 힘을 이 언어의 물질성 또는 실천적-타성태[54]로 이해한다.

그런데 언어는 그 변천 과정에서 역사에 의해 부과되는 물질성으로 인해 조금씩 불명료성imprécision을 지니게 된다. 왜냐하면 언어는 그 과정에서 많은 변화를 겪게 되며, 그로 인해 그 의미층이 두터워지기 때문이다. 실제로 현실에서 하나의 어휘가 하나의 뜻에 고정되는 경우보다는 다양한 뜻을 갖는 경우가 훨씬 더 많다. 사르트르는 이런 언어의 불명료성 속에서 "말을 한다는 것은 결국 구조화된 '특수한' 협약적 총체로

---

54 이 개념은 『변증법적 이성 비판』에서 사르트르가 제시한 개념으로, 그의 인간학의 핵심 개념 중 하나이다. 그에 의하면 인간은 자신의 생물학적 필요를 충족시키기 위해 세계의 물질에 의식을 투사해 뭔가를 만들어 내며, 그 과정이 '실천'으로 이해된다. 그런데 이 실천의 결과물이 시간적으로 보아 그 이후에 이루어지는 실천에 도움이 되기는커녕 오히려 '반목적성(contre-finalité)'을 발휘하며 방해 요소로 작용하는 경우가 있다. 이처럼 인간의 실천이 그 결과물에 의해 방해받는 상태를 사르트르는 실천적-타성태로 규정한다. 가령, 어떤 경영자가 조선소를 세우고 운영한다고 해 보자. 이때 이 조선소가 내리는 이윤을 극대화해야 한다는 명령에 따라 이 경영자는 종종 자신의 의도와는 다른 결정을 내리는 경우가 발생한다.(사르트르는 이 관계를 극작품 『알토나의 유폐자들(Les Séquestrés d'Altona)』을 통해 잘 보여 주고 있다.) 사르트르에게서는 인류가 지금까지 창안해 낸 거의 모든 것, 예컨대 언어, 제도, 역사, 습관 등이 실천적-타성태에 해당한다. 또한 사르트르는 이 개념을 구조주의자들이 말하는 '구조' 개념에 해당한다고 본다. 특히 여기에서 논의되고 있는 일상어 사용자는 누구나, 한편으로는 자기가 사용한 언어와 자기와는 다른 자들이 사용한 언어, 좀 더 정확하게는 이 언어의 물질적인 힘 또는 물질성의 영향을 받게 된다.

서의 언어 전체를 자극하는 것"[55]이라고 본다(PI, 434).

특히 의미signification의 차원에서 보면 이런 불명료함으로 인해 다양한 뜻을 지니게 되는 일상어는 그 사용자들에게 "쓸데없이 남아돌거나 해로운 것"이 된다(PI, 434). 이런 불명료함을 안고 있는 일상어를 사용하게 되면 그 사용자들 사이의 소통은 당연히 방해받게 된다. 하지만 엄밀한 학문, 가령 위에서 예로 든 인류학 등에서는 이런 일상어가 사용될 수 없다. 이런 분야의 언어에서 하나의 기표signifiant는 하나의 기의signifié 위로 닫혀야 하기 때문이다.

하지만 작가의 경우에는, 이 언어가 갖는 물질성으로 인해 "명명한다는 것은 기의를 '현존하게' 하는 일이면서 동시에 기의를 사장死藏하는 일, 기의를 언어의 덩어리 속에 파묻어 버리는 일"과 동의어라고 할 수 있다(PI, 434). 왜냐하면 여러 기의 중에서 하나가 선택되면, 그것은 표면으로 떠올라 정확한 정

---

55 들뢰즈, 과타리가 소수문학론(littérature mineure)에서 전개하고 있는 개념을 차용한다면, '소수의 언어'가 '다수의 언어'에 구멍을 뚫고, 이 다수의 언어를 밭고랑 너머로 끌고 가 재채기를 하게 하고, 정신착란을 일으키게 하고, 거기에 '탈주선(ligne de fuite)'을 그으며, 새로운 '배치(agencement)'를 가능케 한다고 할 수 있다.

보 전달에 도움을 주지만, 선택되지 못한 다른 기의들은 표면 아래 묻혀 잠재적으로 존재하며 그것을 방해하기 때문이다. 좀 더 정확하게 말하자면 선택되지 못한 기의들은 때로는 정보 전달을 방해하는 기의, 쓸데없이 남아돌거나 또는 해로운 기의로 작용한다.

작가는 이처럼 최소한의 정보를 전달함과 동시에 최대한의 비정보를 전달하는 구조를 안고 있는 일상어 사용법에 관심을 갖는다는 것이 사르트르의 주장이다. 그리고 작가에게 있어서 이런 일상어는 "너무 풍부한" 동시에 "너무 빈약"하다(PI, 434). 일상어가 작가에게 너무 빈약한 것은 이 일상어의 어휘, 문장의 유형, 문장을 형성하는 방법 등의 수가 한정되어 있기 때문이다. 그러니까 작가는 협약되고, 구조화되고, 특수한 언어 총체로서의 일상어를 따르는 경우, 그가 드러내고자 하는 것을 모두 표현할 수 없게 된다. 그 반면에 일상어가 작가에게 너무 풍부한 것은, 의미의 차원에서 어휘에 역사적으로 부여된 다양한 뜻이 모두 드러나지 않고 함축되어 있기 때문이다.

이와 관련해 정밀과학에서의 언어 사용과 작가의 언어 사용에 대한 다음과 같은 비교는 흥미롭다. 정밀과학에서는 새로운 것을 발견했을 때, 발견자는 그것을 명명할 용어를 고안해 내고, 모두가 단시일 내에 이 용어를 채택한다. 그 과정에서 당연히 모두의 "동의"가 필요하다(PI, 435). 그 결과, 이 용어는 전문적이고 학문적인 용어로 자리 잡게 된다. 허수, 초한수, 엔트로피, 인공두뇌학, 나노 등과 같은 용어가 처음 등장했을 때를 상상해 보자.

이런 과정을 거치기 때문에 해당 분야에서 활동을 시작한 지 얼마 되지 않은 신진 연구자도 전문용어를 배우고 익히면서 거기에 동의하게 된다. 그러니까 그에게는 한번 정해진 전문용어를 새로운 용어로 부를 수 있는 가능성, 곧 언어 사용의 유연성이 없다. 이렇게 해서 그는 "집단적 주체sujet collectif"로서 "자신의 기술적 언어의 주인maître de sa langue technique"이 되는 것이다(PI, 435). 이는 정밀과학 분야에 종사하는 사람들은 일상어를 존중하는 '의식cérémonie'에 항상 충실하다는 것을 의미한다.

하지만 작가의 경우에는 사정이 다르다. 그는 "지식이나 감정을 전달하기 위해 기존의 의미에 새로운 의미를 덧붙이면서 일상어를 사용하고자 한"다(PI, 435). 그는 일상어를 존중하는 의식에 충실함과 동시에 이 언어를 혼란스럽게 하는 '폭력violence', 즉 '위반trangression'을 선호한다고 할 수 있다.[56] 이렇듯 작가가 일상어를 채택하는 것은 정확히 이 언어가 지식을 전달할 수 있기 때문만이 아니라 전달하지 않기 때문이기도 하다(PI, 435). 게다가 후자의 비중이 전자보다 훨씬 더 크다고 할 수 있다.

이런 의미에서 사르트르는 작가에게서 "글을 쓴다는 것"은 "언어를 소유하는 것임과 동시에 이 언어를 소유하지 않는 것" —좀 더 정확하게 말하자면, 이 언어를 소유하지 못한다고 해야 한다— 이라고 본다(PI. 435). 그도 그럴 것이 작가가 채택한 일상어의 어휘에는, 이 작가가 부여한 의미만이 아니라 다른 의미들이 드러나지 않은 상태로 남아 있기 —곧이어 보겠지만 사르트르는 이것을 '침묵silence'으로 이해한다— 때문이다. 이렇듯 작가는 다른 사용자들의 "동의 없이sans accords" 일

---

56 방금 언급한 들뢰즈와 과타리의 소수문학론에서 볼 수 있는 소수의 언어가 다수의 언어에 가하는 작용이 여기에 해당하는 것으로 보인다.

상어를 사용하며,[57] 오히려 그런 상태에서 이 언어의 자율성 고양에 기여하게 된다(PI, 435). 이렇듯 작가의 일상어 사용법에는, 이 언어가 갖는 물질성 —비록 이것이 그를 에워싸고 있고, 그와는 독립적이며, 그에게서 벗어나지만[58] —에 대한 고도의 관심이 수반된다.

사르트르는 이와 같은 일상어를 사용하는 두 번째 방법에 작용하는 물질성을 설명하기 위해 하나의 예를 들고 있다. 주네가 쓴 "보초와 마네킹의 불타는 사랑들les brûlantes amours de la sentinelle et du mannequin"이라는 문구가 그것이다. 이 구절에 나타난 일상어의 비정보성을 결정하는 물질성에 대한 사르트르의 설명을 들어 보자.

프랑스어에서 '사랑'을 의미하는 단어 'amour'는 단수일 때

---

57 일상어를 사용하는 작가와 다른 사용자들, 그중에서도 특히 독자들 사이에 최소한의 동의는 필요할 것으로 보인다. 그렇지 않다면 그들 사이에는 전혀 의사소통이 이루어질 수 없을 것이다. 가령, 외계인이 쓴 소설을 지구인이 읽는다고 가정해 보자. 이 경우에 지구인은 외계인의 언어를 모르기 때문에 이 소설을 전혀 이해할 수 없을 것이다.

58 앞에서 지적한 언어의 실천적-타성태의 특징을 떠올리자.

는 남성, 복수일 때는 여성 명사이다.[59] ‘보초’를 의미하는 단어 ‘sentinelle’은 보통 남성을 가리키지만, 여성 명사이다. ‘마네킹’을 의미하는 단어 ‘mannequin’은 보통 여성을 가리키지만 남성 명사이다. 위의 구절은 분명 하나의 정보를 전달하고 있다. 즉, “재단사의 작품을 선보이는 한 남자 모델, 한 여자 모델이 서로 정열적으로 사랑하고 있다는 사실”이다(PI, 436). 하지만 사르트르는 이 문구를 이런 정보 전달보다는 오히려 이를 방해하고 흐릿하게 만드는 것을 겨냥하는 작가의 전형적인 문구로 간주한다.[60]

___

59 사르트르는 프랑스어에 남성과 여성이라는 두 개의 문법적 성이 있음을 환기하면서, 이 두 성이 중성인 사물들을 지시하는 등, 반드시 남성과 여성에 관련된 정보를 담고 있는 것은 아니라는 점, 곧 비정보적이라는 점을 지적하고 있다. “프랑스어에는 오직 상대방을 통해 자신이 이해될 수 있는 두 개의 문법적인 성 —남성과 여성— 이 있습니다. 그런데 이 두 개의 성은 실제로 남성과 여성을 지시할 뿐만 아니라 오랜 역사를 거치면서 그 자체로는 남성도 여성도 될 수 없는 중성인 대상을 지시하게 되었습니다. 이 경우 성별상의 이분법은 개념적 의미를 지니고 있지 않습니다. 여성이 남성에 적용되고 남성이 여성에 적용되어 역할을 전도시킬 정도까지 나아가게 되면, 그 이분법은 ‘비정보적’이 됩니다.”(PI. 436) 프랑스어에는 이런 남성과 여성의 구별 외에도 허사의 ’ne’, 무생물에 붙이는 관사, 추상명사의 단수와 복수 등과 같은 비정보적 요소도 있다. 추상명사의 단수와 복수는 우리말에도 해당하는 것으로 보인다.

60 이런 이유로 주네의 문구는 성도착, 성전환, 동성애, 여성의 원초적 지배, 마조

하지만 이 문구는 매우 이상한 방법으로 정보를 전달하
고 있기 때문에 비정보적이기도 합니다. 남성은 여성화
되어 있고, 여성은 남성화되어 있습니다. 말하자면 이
문장은 거짓 정보를 제공하는 물질성에 의해 잠식되어
있습니다. 결국 이 문구는 의사-정보pseudo-information를
더 풍부하게 만들기 위해 정보가 창조된 '작가의 문구'
입니다.(PI, 436)

앞에서 사르트르가 일본을 방문했을 때 프랑스에서 그의
지식인으로서의 위상이 급격히 추락하고 있었다는 사실, 그
이유 중 하나로 문학의 흐름의 변화를 제시하면서 바르트의
'글쟁이'와 '작가'의 구분을 언급한 바 있다. 사르트르는 두 종
류의 일상어의 사용법과 관련해 바르트의 이 구분을 받아들
이고 있는 것으로 보인다.[61]

히즘, 거세 컴플렉스 등과 같은 다양한 의미, 그것도 "엉뚱한 초의미들(aberrantes
sursignifications)" —곧이어 살펴볼 것이다—, 곧 의의로 확장되어 해석될 수도 있을
것이다.

61 「작가와 그의 언어」(1965)라는 한 대담에서 사르트르는 다음과 같이 말하면서 바

이런 관점에서 롤랑 바르트는 글쟁이와 작가를 구별했습니다. 글쟁이는 정보를 전달하기 위해 언어를 사용합니다. 작가는 일상어의 수호자이지만, 그는 글쟁이보다 훨씬 더 멀리 나아가며, 또 그가 사용하는 재료는 비의미적non-signifiant 언어 또는 비정보적 언어입니다. 작가는 자신의 목적을 이루기 위해 의미와 비의미를 수단으로 삼아, 단어의 물질성에 대한 작업을 통해 하나의 언어적 대상을 생산해 내는 장인입니다.(PI, 436-437)

이런 논의 끝에 사르트르는 작가에게 있어서 글을 쓰는 것은 결국 침묵을 통해 언어를 넘어서는 소통을 가능케 해 주는 것으로서의 문학적 대상을 산출해 내는 것이라는 결론을 내

르트의 구분을 받아들이긴 하되 절충적인 입장을 취하고 있다. "내 생각으로는 글쟁이가 되지 않고는 작가도 될 수 없고, 또 작가가 되지 않고는 글쟁이도 될 수 없다."(Jean-Paul Sartre, *Situations, IX, op. cit.*, p. 46.) 그러면서 사르트르는 여전히 전달 가능성, 곧 글쟁이 쪽에 방점을 찍고 있다. 하지만 그로부터 1년 후에 행해진 "작가는 지식인인가"라는 제목의 강연에서 사르트르는 바르트의 구분을 그대로 수용하고 있는 쪽으로 기울고 있다. 이를 통해서도 『문학이란 무엇인가』, 「작가와 그의 언어」, "작가는 지식인인가"라는 제목의 강연으로 이어지는 사르트르 문학관의 변화를 일정 부분 드러낼 수 있다고 하겠다.

리고 있다.

만일 글을 쓰는 것이 '소통하는' 것이라면, 문학적 대상
은 '언어를 넘어서는' 소통, 즉 말들에 의해 생산되었지
만 말들에 의해 재차 닫힌 비의미적 침묵을 통한 소통으
로 나타납니다. 그로부터 '그것은 문학적 이야기입니다'
라는 말은 곧 '당신은 아무것도 말하지 않기 위해 말을
합니다'라는 의미가 될 것입니다.(PI, 437)

이제 해결해야 할 문제는 문학작품의 "의미 내용contenu
signifiant"으로부터 이것을 감싸고 있는 "침묵"을 향해 거슬러
올라가 이 침묵이 무엇인가를 알아보는 일이 될 것이다.

우리에게는 이 문학적 대상이 독자와 소통해야 하는 이
'아무것도 아닌 것', 즉 이 침묵의 비지식이 무엇인가를
알아보는 일이 남아 있습니다. 이것을 탐구하기 위한 유
일한 방법은 문학작품의 '의미 내용'에서부터 출발해 그
것을 둘러싸고 있는 근본적인 침묵으로 거슬러 올라가

는 것입니다.(PI, 437)

4.4. 문학작품의 의미 내용과 침묵

문학작품의 의미 내용에서부터, 침묵으로 거슬러 올라가 이 침묵이 무엇인지를 설명하기 위해 사르트르는 세 번째 강연의 네 번째 부분에서 이 의미 내용을 두 종류로 구분한다. "객관적 세계le monde objectif"에 해당하는 것과 "주관적 세계le monde subjectif"에 해당하는 것이 그것이다(PI, 438). 하지만 사르트르는 이 두 세계를 설명하면서 앞에서 확정했던 논의의 범위를 넘어서고 있다. 그가 세 번째 강연을 시작하면서 1950-1970년대에 활동하던 현대 작가를 대상으로 삼겠다고 한 사실을 지적한 바 있다. 하지만 앞에서 언급한 것처럼 여기에서는 논의가 17-19세기 및 20세기 초반에 활동한 작가로까지 확대되고 있다.

어쨌든 작가가 객관적 세계를 그리고자 하는 경우, 그는 이 세계 위를 비상하면서 "고공 의식"을 가지고자 할 것이다. 그러니까 자기가 "몸담고 있는 상황에서 벗어나 세계 위를 날고자 할 것"이다(PI, 438). 하지만 그가 자기의 삶의 조건이 이 세계에 의해 결정되지 않음을 주장하는 것이 불가능하다는 것은 자명하다. 요컨대 작가는 결코 자기가 몸담고 있는 세계에 대해 완전히 객관적인 거리를 펼칠 수 없다.

작가가 세계를 아무리 객관적인 눈으로 바라본다고 해도 거기에는 그의 내면성, 그의 세계관이 투사될 수밖에 없다. 가령, 자연주의를 표방하면서 "작가 중 가장 객관적"이라고 여겨지는 에밀 졸라의 경우에도, 자기가 보는 세계만을 볼 뿐이다. 또한 졸라는 자기의 작품 속에서 보이지는 않지만 '느껴지는' 존재로 나타나길 원하며, 또 그러지 않을 수 없다는 것이 사르트르의 주장이다(PI, 439).

주관적 세계를 그리는 것을 표방하는 작가의 경우에도 사정은 마찬가지다. 하지만 객관적 세계를 드러내는 것을 겨냥하는 작가와는 반대 방향으로 그러하다. 작가가 아무리 자신의 내면성, 자신의 환상을 작품 속에 투영한다고 해도, 그가 직접 겪은 세계가 "부분적으로나마" 드러나기 마련이다(PI, 440). 예컨대 작가는 프티부르주아계급 출신이기 때문에, 그가 쓴 작품에는 당연히 그를 길러 낸 부르주아계급의 이데올로기, 즉 개인주의와 이상주의를 특수화하는 태도가 나타나게 된다는 것이 사르트르의 주장이다(PI, 440).

사르트르는 객관적 세계와 주관적 세계 사이의 대조를 좀 더 쉽게 설명하기 위해 거시물리학과 미시물리학 실험에서의 실험자의 위치를 예로 든다. 앞에서 지식인이 자기와 자기가 속한 사회를 탐구할 때, 그는 자연과학의 실험에서와는 달리 완전히 실험 체계 외부에 있을 수 없다고 했다. 이와 마찬가지로 거시물리학에서는 실험자가 실험 체계 외부에 있는 것과는 달리 미시물리학에서는 실험자가 실험 체계의 일부를 이루고 있기 때문에, 이 실험에 대해 완전히 객관적 거리를 유지할 수 없다.

사르트르는 작가가 창작할 때 처해 있는 상황을 메를로퐁티의 "세계 내 삽입l'insertion dans le monde"이라는 개념 —사르트르 자신은 이 개념을 '특수성particularité'이라고 부른다— 을 빌려 설명한다(PI, 440). 이를 위해 사르트르는 다시 한번 메를로퐁티의 다음과 같은 주장을 인용한다 "우리는 보이기 때문에 보는 사람이다nous sommes voyants parce que nous sommes visibles"[62]라는 주장이 그것이다. 이 주장의 의미는 무엇인가?

인간은 보통 '앞devant'에 있는 세계에 주의를 기울인다. 인간이 '뒤derrière'에 있는 세계에 주의를 기울이는 경우는 드물다. 그런데 메를로퐁티에 의하면 인간은 앞에 있는 세계에 주의할 때 이미 뒤에 있는 세계에도 주의하고 있다. 아니, 좀 더 정확하게 말하자면 인간이 앞에 있는 세계에 주의하면서 그것을 볼 수 있는 것은 뒤에 있는 세계가 그를 보는 사람으로 구성했기 때문에, 즉 이 세계에 의해 그가 보이는 사람으로 구성되기 때문이라는 것이다.

세계가 배후에서 우리를 '보는 사람으로 구성했을' 때만, 그러니까 결국 우리가 '보이는 사람으로 구성되었을' 때만 앞의 세계를 볼 수 있을 뿐입니다. 사실상 우리의 존재 ―우리가 존재케 해야 하는 결정들― 와 우리 앞의 존재, 즉 보여야 할 것으로서 우리에게 주어지는 존재 사이에는 심오한 관계가 있습니다.(PI, 440)

---

62 Cf. Maurice Merleau-Ponty, *Le Visible et l'invisible*, (texte établi par Claude Lefort accompagné d'un avertissement et d'une postface), Gallimard, coll. Tel, 1956, pp.314-315.

사르트르가 이처럼 메를로퐁티의 주장을 빌려 말하고자 하는 것은 결국 세계가 인간을 만들어 냄과 동시에 인간 역시 이 세계에 작용한다는 사실이다. 즉, 세계와 이 세계라는 전체le tout[63]의 한 부분une partie으로서의 인간 사이에는 항상 '얽힘entrelacs'과 '교착chiasme'이 있다는 것이다. 사르트르는 이런 세계 속에서 구성되는 인간의 모습을 "세계-내-존재l'être-dans-le-monde"[64] 또는 "개별적 우주l'univers singulier"라고 부른다.

세계는 출생이라고 하는 평범한 개별성을 통해 '하나의

---

63 프랑스어 단어 'le tout', 'la totalité', 'total(e)'을 각각 '전체', '총체성', '총체적인'으로 옮긴다. 'le tout'를 '전체'로 옮기는 것은 'l'ensemble'과 구분하기 위함이고, 'la totalité', 'total(e)'을 '총체성', '총체적인'으로 옮기는 것은 이 단어들에서 '전체주의(totalitarisme)'에 관련된 뉘앙스를 없애기 위함이다.

64 사르트르는 하이데거의 "Sein-In-Der-Welt" 개념을 차용해 『존재와 무』에서 인간 실재(la réalité humaine)와 이 세계와의 존재 관계를 보여 준다. 하지만 여기에서 사용된 "세계-내-존재"에서 '세계'는 형이상학적 의미보다는 오히려 작가가 몸담고 있는 사회라는 구체적인 의미로 이해하는 것이 사르트르의 의도에 좀 더 가깝다고 할 수 있을 것 같다. 그도 그럴 것이 사르트르는 『문학이란 무엇인가』에서부터 주장해 온 문학의 '참여'적 측면을 이 세 번째 강연에서도 버리고 있지 않기 때문이다. 그러니까 작가는 '사회-내-존재', '사회 속에 삽입되어 있는 존재' 등으로 해석할 수 있다. 물론 이 세 번째 강연이, 『문학이란 무엇인가』에서 전개한 문학론과는 꽤 멀리 떨어져 있음은 부인할 수 없다는 점을 잊지 말자.

유일한 모험'으로 나를 밀어 넣으면서 '나'를 생산합니다. 세계가 프티부르주아 지식인의 아들, 프티부르주아 지식인 가정의 아들이라는 '나의 자리에 의해' 나에게 하나의 '일반적 운명'(계급의 운명, 가족의 운명, 역사적 운명)을 주는 한에서 그렇습니다. 이런 세계 속에서 구성되는 이와 같은 출현 —결국 나를 만드는 세계, 거기에서 벗어나려고 하는 나의 기투 자체에 의해 내가 나 자신에게 내면화하는 세계, 바로 이런 세계 속에서 죽기 위한 출현입니다— 이 정확하게 '세계-내-존재' 또는 '개별적 우주'라고 부르는 것입니다.(PI, 440-441)

앞에서 지식인이 자신의 역할을 찾아 나서면서 자기와 자기가 소속된 사회 전체를 탐구해야 한다는 사실을 지적한 바 있다. 그는 지금, 여기에서의 자기의 상황을 고려함과 동시에, 자기의 출신 계급인 프티부르주아계급은 물론, 자기를 키워 준 부르주아계급, 또 현재는 관계를 맺고 있지 않지만 미래의 동반자가 될 프롤레타리아계급을 모두 탐구의 대상으로 삼아야 한다. 이때 그는 정확히 개별적 보편자의 모습을 띠게 된다.

이와 마찬가지로 작가 역시 자기 작품의 내용으로 객관적 세계를 겨냥하든, 주관적 세계를 겨냥하든 간에, 자기 앞의 세계는 물론 자기의 뒤의 세계를 고려해야 한다. 다시 말해 작가는 자기와 세계를 통합하고자 하면서 자기가 드러내고자 하는 세계의 일부이자, 이 세계의 일부로서만 이 세계 전체를 드러낼 수 있을 뿐이다.

> 진행 중인 총체화의 부분인 나는 그 총체화의 산물이고, 따라서 그 전체를 전적으로 표현합니다. 하지만 나는 내 스스로 총체화하는 자가 되면서만, 즉 내 앞의 세계를 실제적인 드러냄으로 파악함으로써만 그것을 표현할 수 있을 뿐입니다.(PI, 441)

사르트르는 작가와 세계와의 이런 관계를 내면화와 외면화 개념으로 설명하기도 한다. 즉, 작가는 자기 앞의 세계를 내면화하고, 또 이렇게 내면화된 세계는 다시 작품을 통해 외면화된다. 또한 이렇게 외면화된 작품은 다시 세계에 포함되고, 이 세계를 다시 작가가 내면화하게 된다. 작가의 작품 창작은 항상 이런 순환적이고 변증법적 과정 속에서 이루어진다. 이런 과정을 거치기 때문에 작가는 객관적 세계를 겨냥하든, 주관적 세계를 겨냥하든 간에, 언제까지나 세계-내-존재 또는 개별적 우주로서의 자격을 유지하게 된다.

사르트르에 의하면 작가는 항상 이런 상황에 처해 있기 때문에, 앞에서 언급했듯이 객관적 세계를 겨냥했던 졸라도 작품에 자기의 내면성을 투사하지 않을 수 없었다. 이와 마찬가지로 주관적 세계를 그리고자 했던 라신이나 지드 등도 각자가 몸담고 있는 세계를 드러내지 않을 수 없었던 것이다.

사르트르의 이런 논의는 결국 작가도 "다른 사람과 마찬가지로 세계 내 삽입에서 벗어날 수 없으며", 즉 작가는 개별적 보편자이며, 이런 이유로 그의 작품 역시 "개별적 보편의 전형이"라는 결론에 이르게 된다(PI, 441). 요컨대 작가의 작품은 예외 없이 "존재의 역사적 개별성"과 "목표의 보편성"이라는 상호 보완적인 두 측면을 가지고 있다는 것이다.

다른 사람과 마찬가지로 작가 또한 세계 내 삽입에서 벗어날 수 없습니다. 그리고 작가의 작품은 개별적 보편의 전형 그 자체입니다. 그의 작품은 어떤 것이라고 해도 상호 보완적인 두 측면을 가지고 있습니다. 즉, 존재의 역사적 개별성과 목표의 보편성[65] —또는 그 반대로 존재의 역사적 보편성과 목표의 개별성[66]— 이라는 측면이 그것입니다. 한 권의 책은 필연적으로 세계의 한 부분이며, 세계의 총체성은 그 부분을 통해서 결코 스스로를 드러나지는 않으면서도 '스스로 나타나는 것'입니다.(PI, 441)

이렇듯 작가가 일상어를 사용하는 것은 "존재와 목표에 있어서 개별적 보편성과 보편화하는 개별성을 동시에 보여 주는 이중 열쇠를 가지고 있는 대상물을 생산하기 위해서"라는 것이 사르트르의 주장이다(PI, 442). 이런 이유로 작가가 자신의 세계 내 삽입이라는 조건을 염두에 두고 창작한다면, 문학

---

65 이것은 객관적 세계를 겨냥하는 작가의 경우이다.
66 이것은 주관적 세계를 겨냥하는 작가의 경우이다.

작품에서 이런 이중적 양상은 항상 드러나며, 또 이것이 문학 작품을 풍요롭게 함과 동시에 그것에 애매성과 한계성을 부여한다는 것이 사르트르의 계속되는 주장이다(PI, 442).

이런 주장을 뒷받침하기 위해 사르트르는 자신의 예를 들고 있다. 그가 마르크스주의, 정신분석, 사회학 등에 기댄다면, 그는 자신이 태어난 사회에 의해 어떻게 조건 지어졌고, 또 그가 이 사회에서 어떤 삶을 영위했는지를 알 수 있을 것이라고 말한다.[67]

나는 프티부르주아이고, 해군 장교의 아들이고, 아버지 없는 고아였고, 조부는 의사였으며, 외조부는 교수였습니다. 1905년부터 공식적인 학업이 끝난 1929년까지 나는 이른바 부르주아 문화를 전수받았습니다. 나의 유년 시절의 객관적 여건들에 관련되어 있는 이 사실들은 내

---

67 사르트르는 실제로 『변증법적 이성 비판』의 서론 부분에 해당하는 「방법의 문제」에서는 자신의 실존주의, 마르크스주의, 정신분석, 사회학 등을 결합해 이른바 "전진-후진적 방법(méthode progressive-régressive)"을 정립한다. 이 방법을 통해 사회적, 역사적 존재인 인간에 대한 이해를 도모하고 있다.

가 알고 있는 몇몇 신경증적 반응[68]의 원인이 되었습니다.(PI, 442)

이렇듯 위의 사실들에 대해 인류학의 관점에서 총체적으로 검토한다면 사르트르는 자신에 대한 객관적 지식을 얻을 수 있을 것이다. 이런 지식은 당연히 그의 창작 과정이나 그와 세계와의 관계를 밝히는 데 유익할 것이다. 하지만 이런 지식이 그의 문학의 기본적인 대상이 될 수 없다는 것이 사르트르의 주장이다. 왜냐하면 그것은 "개체 없는 보편l'universel sans singulier"일 것이기 때문이다(PI, 443). 다시 말해 '사르트르'라는 작가의 '개별성singularité'이 고려되지 않은 일반적이고 보편적인 지식에 불과할 뿐이기 때문이다.

그 반면에 작가의 주관적인 "환영과의 전적인 공모 역시 문학의 대상물을 형성할 수 없"다(PI, 443). 그 이유는 "작가가 외부로부터 접근하는 것으로서가 아니라 그에 의해 '체험된

---

68 그중 하나가 바로 『구토』에서 볼 수 있는 문학을 통한 구원(salut), 곧 문학을 종교의 대체물(ersatz)로 삼으면서 거기에 종교성(religiosité)을 부여한 것이다.

vécu' 것으로서의 세계-내-존재"가 바로 문학의 대상물을 이루기 때문이다.

사르트르는 이런 논의를 거쳐 "문학의 주제"를 다음과 같이 제시하고 있다.

이런 이유에서 문학은 점점 더 보편적 지식에 의지해야 함에도 불구하고, 그 지식의 어떤 부분에 대한 정보도 전달할 의무가 없습니다. 문학의 주제는 내면화와 외면화의 이중 운동에 의해 끊임없이 문제시되는 세계의 통합입니다. 또는 이렇게 말하는 것이 좋다면, 부분은 전체의 하나의 결정détermination 이외의 다른 것이 되는 것은 불가능합니다. 또한 부분은 전체에 의해 자기에게 오는 결정으로 이 전체를 부정하기는 하지만(모든 결정은 부정입니다omnis determinatio est negatio) 이 전체에 용해되는 것은 불가능합니다. 문학의 주제는 이런 두 가지 불가능성에 의해 끊임없이 문제화되는 세계의 통합입니다.(PI. 443)

이렇듯 작가의 세계 내 삽입 또는 "세계 내 주름pli dans le monde", 곧 개별적 보편자로서의 세계와 맺는 관계 ―작가와 앞의 세계와의 관계, 그와 뒤의 세계와의 관계는 순환적이고 변증법적인 관계이다― 가 "오늘날 가능한 문학의 유일한 대상물"이라는 것이 사르트르의 주장이다(PI, 443). 그리고 작가는 이런 관계를 "경치, 거리의 정경, 사건" 등을 통해 다음과 같은 방식으로 재구성하게 된다.

첫째는 작품에서 재구성된 각각의 개별성 속에 전체, 즉 세계를 육화incarner하는 방식이다. 이것은 작품에 담긴 경치 하나하나, 거리의 풍경 하나하나, 사건 하나하나가 전체로서의 세계 일부를 담고 있어야 한다는 것을 의미한다.

둘째, 작가 자신도 동일한 전체(내면화된 세계)의 또 하나의 다른 육화라는 것을 보여 주면서 이 개별성들을 표현하는 방식이다. 이는 작가가 이 세계에서 직접 체험한 것을 작품 속에 투사해야 한다는 것을 의미한다.

셋째, 작가가 작품 속에 자신을 드러냄과 동시에 감춤으로써 독자들이 그의 작품을 읽으면서 그의 현전을 볼 수는 없으나 느낄 수는 있는 애매성을 통해 세계와의 완전한 통일의 불가능함을 보여 주는 방식이다. 다시 말해 작품 속에 드러난 작가의 세계-내-존재 —곧 보겠지만 사르트르는 이를 "그의 언어-내-존재son être-dans-le-langage"라고 표현한다— 와 그의 실제 세계-내-존재 사이에는 항상 차이가 있다는 것을 보여 주면서이다.

사르트르는 이런 논의 후에 다음과 같이 몇 가지 점을 지적하고 있다.

1) 작가는 근본적으로 말할 아무것도 가지지 않는다. 그의 근본적인 목적은 지식을 전달하는 데 있지 않기 때문이다.

2) 그럼에도 작가는 전달한다. 이는 그가 근본적으로 파악한 인간 조건(그의 세계-내-존재)을 하나의 대상, 곧 작품의 형태로 독자에게 제시한다는 것을 의미한다.

3) 작가는 애매한 대상을 창작하면서, 보편을 제시하는 방식[69]으로가 아니라 암시적인 방식으로 자기의 세계-내-존재

-----

[69] 사르트르는 세 번째 강연을 하는 순간에 자기가 보통의 언어를 사용하는 방식이 바로 "보편을 지향하는 방식"이라고 말하고 있다. 그러니까 이 방식은 "인간은 인간의 아들이다"라는 지식을 전달하는 방식, 곧 정확한 정보를 최대한 전달하는 방식인 것이다(PI, 444).

를 독자에게 증언할 뿐이다. 이런 이유로 작가와 그의 작품을 읽는 독자와의 관계는 지식 위에서 맺어지지 않으며 "비지식"을 전제로 한다. 독자는 작가의 작품을 읽으면서 간접적으로 자신의 개별적 보편자라는 현실로 인도될 뿐이다. 다시 말해 자신의 상황을 성찰하고 돌아보게 된다. 왜냐하면 독자도 작가와 마찬가지로 세계라는 전체의 다른 한 부분이고, 또 세계에 대한 또 다른 하나의 관점이기 때문이다. 이런 까닭에 독자는 작가의 작품을 읽으면서 거기에 몰입하기도 하고 또 그렇지 않기도 한다.

4) 작가가 아무것도 말할 것이 없다면, 그것은 그가 전체를 드러내야 하기 때문이다. 그런데 그는 작품을 통해 이 전체를 드러내지 못한다. 그는 기껏해야 이 전체의 한 부분의 자격으로 이 전체와 맺는 개별적 관계를 통해 이 전체의 일부를 드러낼 수 있을 뿐이다. 이런 이유로 그는 이 전체에 대해 부분적으로만 할 말을 가질 뿐이다. 작가는 자기의 작품을 통해 인간이라면 누구나 겪는 이런 역설적인 조건을 보여 주어야 한다. 다만, 그 경우에도 작가는 자신의 작품을 통해 인간에 대한 "지식의 제시"가 아니라 자신의 세계-내-존재를 객관화하

거나 또는 주관화함으로써 보여 주어야 한다.

5) 작가는 자신의 역설적인 인간 조건을 작품에 담으면서 당연히 창조적 자유를 구가한다.[70] 그리고 작가가 어쨌든 소통을 목표로 하기 때문에, 그는 자신의 창조적 자유를 통해 생산된 작품을 통해 독자의 창조적 자유에 호소하고, 독자로 하여금 자신의 작품을 완성해 줄 것을 요구한다.[71] 작가는 이처럼 자신의 세계-내-존재를 독자가 마치 자기의 것인 양 자유롭게 포착하고, 또 그것을 마치 독자 자신이 창조한 것처럼 떠맡길 바라는 것이다.

그렇다고 해서 문학작품이 "삶에 직접적으로 호소하거나,

---

70 사르트르에 의하면 예술가는 자신의 창작에서 창조적 자유 상태에 있다. 예컨대 작가의 경우에 이런 자유가 보장되지 않는다면, 그는 전체로서의 세계의 한 부분으로서 이 세계를 제대로 해석하지도, 이 세계와 제대로 관계 맺지도 못할 것이다. 이런 이유로 사르트르가 다음과 같이 말하는 것이 가능하다. "이렇듯 오늘날 미(美)는 사실성(facticité)으로서가 아니라 하나의 창조적 자유(작가의 창조적 자유)에 의한 생산물로서 제시된 인간 조건 이외의 다른 것이 아닙니다."(PI, 445)

71 사르트르는 『문학이란 무엇인가』에서 문학작품은 '쓰기' 주체인 작가와 '읽기' 주체인 독자의 협력에 의해 탄생한다고 말하고 있다. 작가는 독자의 자유에 호소하면서 그에게 자기의 작품을 주면서, 그에게 이 작품에 '즉자적' 측면을 부여해 달라고, 곧 자기의 작품을 완성해 달라고 요구한다는 것이 사르트르의 주장이다. 이 점에 대해서는 변광배, 『《문학이란 무엇인가》 읽기』(세창미디어, 2016)를 참고하라.

감동과 관능적인 쾌락 등에 의해 작가와 독자의 공생을 실현하고자 하는 생명체"인 것은 아니다(PI, 445). 그보다는 오히려 문학작품은 독자의 자유에 호소하면서, 작가가 자신의 인간 조건과 상황을 되돌아보면서 자신의 삶을 떠맡게끔 하는 것이다. 이때 작가는 독자를 도덕적으로 교화하려고 하는 것이 아니라 자신의 문학작품을 "특수성과 보편성의 역설적 통합으로서 재구성하는 미학적 노력을 독자에게 요구하면서 그의 삶을 살아가도록 하는 것이다(PI, 445-446).

6) 작가가 창작해 낸 작품의 특징이 "침묵"이라는 것이다(PI, 446). 작가는 말을 통해, 아니 말을 넘어서서 자유롭게 자신의 세계-내-존재를 작품 속에 육화시킨다. 다만, 작가 자신과 세계에 대하여 부분적 관계에 대한 파악만으로는 이 세계-내-존재를 완전히 육화할 수 없다. 이 세계-내-존재의 완전한 육화를 위해 작가는 비지식에 기대야 한다. 바로 거기에, 즉 비지식과 부분적 지식 사이에 침묵이 자리한다. 이 침묵을 드러내고 표현해야지만 작가는 자기 작품 속에 자신의 세계-내-존재를 완전히 육화시킬 수 있을 것이다.

이 단계에서 앞에서 제기했다가 아직까지 답을 하지 않고

남겨 둔 문제가 다시 제기된다. 문학작품의 의미 내용으로부터 침묵으로 거슬러 올라가 이 침묵이 무엇인지, 또 이것을 어떻게 표현하는지의 문제가 그것이다. 이 문제는 일상어를 사용하는 작가가 어떤 이유로 최대한의 비정보를 전달하는 언어 전문가인가의 문제이기도 하다.

그렇다면 우리에게는 어떻게 해서 작가가 의미작용의 방법을 통해 작품의 대상인 근본적인 비지식 —책의 대상— 을 잉태할 수 있는지, 즉 어떻게 해서 말을 가지고 침묵을 제시할 수 있는지를 알아보는 일이 남게 됩니다. 작가가 왜 일상어, 즉 최대한의 '비정보'를 지니는 언어 전문가인지에 대한 이유를 알 수 있는 것은 바로 이 물음을 통해서입니다.(PI, 446)

사르트르는 이 물음에 답을 하기 위해 "말les mots"의 특징을 분석한다. 그에 의하면 말은 세계-내-존재처럼 두 가지 측면을 가지고 있다. 하나는 "희생된 대상objets sacrifiés"으로서의 측면이고, 다른 하나는 "물질적 현실성réalités matérielles"으로서의 측면이다(PI, 446). 먼저 희생된 대상으로서의 측면을 보자. 보통 사람들은 대상들을 그 의미를 향해 넘어선다. 그 의미는, 일단 이해가 되면, 다른 말들과 함께 수많은 다른 방법으로 표현될 수 있는 "다가적 언어 도식séchmas verbaux polyvalents"이 된다 (PI, 446).

그다음으로 말의 물질적 현실성의 측면을 보자. 실제로 말은 그 의미들을 희생시키면서 자신을 드러낼 수 있는 객관적 구조를 가지고 있다. 가령, '개구리' 또는 '황소'라는 말은 청각적, 시각적 면모를 지니고 있다. 이것들은 "현전présences"이다 (PI, 446). 이것들은 수학적 기호보다 훨씬 더 많은 비의미를 지니고 있다. 수학 기호에는 요구되는 조건이 충족된다면 정확한 지식만이 있을 뿐이다. 하지만 말에는 그것의 청각성, 시각성 등과 같은 물질적 현실성의 비중이 더 크다.

'개구리가 소만큼 크게 되기를 원한다'라는 말은, 그 의미와 물질성이 복잡하게 뒤엉켜 'x → y'보다 훨씬 더 많은 형체corporéité를 지니고 있습니다. 그리고 작가가 일상어를 사용하기로 선택한다면, 그것은 그가 이런 물질적

무게에도 '불구하고' 그런 것이 아니라 바로 '그 물질적
무게 때문에' 그런 것입니다.(PI, 446-447)

작가는 이처럼 말에서 "가능한 한 정확한 의미를 해방함
으로써 그 말의 물질성에 관심을 갖게 되"며, 그렇게 함으로
써 "의미화된 사물을 말의 너머에 있게 함과 동시에 이 물질
성 안에 육화되도록 한"다(PI, 447). 그 결과, 작가가 '개구리'란
말을 사용할 때, 이 말은 "실제 개구리와 어떤 유사성도 갖지
않게 되"며, "'이런 이유로' '개구리'란 말은 독자에게 개구리의
설명할 수 없는 순수한 물질적 현전을 제시하는 임무를 띠게
되는 것"이다(PI, 447).

앞에서 누군가 정밀과학 분야에서 뭔가를 발견하게 되면,
그것을 지칭할 용어를 찾고, 이 용어는 같은 분야에 종사하는
모든 사람의 동의를 얻어 하나의 기술적 용어, 전문용어가 된
다고 했다. 또한 이 분야에 새로 입문하는 신입 연구자도 이
용어를 익히면서 거기에 동의하고, 그 결과 그도 이 용어의 집
단적 주체라고 느낀다고 했다. 하지만 작가가 사용하는 일상
어에서는 사정이 이와 다르다. 그는 일상어를 사용하면서 항

상 그 풍부함과 한계를 느끼게 된다. 사르트르는 일상어가 갖는 특징 —이 특징은 언어가 지니는 실천적-타성태로서의 모습에 다름 아니다— 에 대해 이렇게 말하고 있다.

> 반대로 일상어는 나에게 온전한 모습으로 부과됩니다. 왜냐하면 나는 나 자신과는 '다른 사람'이기 때문입니다. 또한 일상어는 그 자체가 다른 사람들에 의해서 그리고 다른 사람들을 위해서 '자기 자신과는 다른' 그런 개인들의 협약을 거친 비의도적인 산물이기 때문입니다.(PI, 447)

일상어가 이런 특징을 가지고 있기 때문에, 예컨대 내가 어떤 사람에게 "안녕하세요? 어떻게 지내십니까?"라고 말하자마자, 나는 역설적인 상황[72]에 놓이게 된다는 것이 사르트

---

[72] 사르트르는 이런 역설적인 상황을 설명하기 위해 시장에서 수요와 공급에 의해 결정되는 가격 결정의 예를 들고 있다. 실제로 한 명의 수요자로서 시장에서 나는 내가 원하는 물건의 가격이 가장 낮을 때 그것을 구입하고자 한다. 하지만 내가 수요자로 이 시장에서 물건을 구입하고자 할 때 이미 나는 이 물건의 가격을 끌어올

르의 주장이다. "나는 벌써 내가 언어를 사용했는지, 언어가 나를 사용했는지를 모르게 되는" 상황이 그것이다(PI, 448). 전자의 경우라면, 나는 특정한 사람에게 단순히 인사를 건네기 위해 이 말을 사용한 것이다. 하지만 후자의 경우에는 일정한 억양으로 이 "진부한 표현^{lieu commun}"을 발음함으로써 이 말이 나를 사용한 것이다. 게다가 후자의 경우에는 내가 사용한 억양에 따라 이 말을 듣는 상대방이 이 표현의 의미를 내가 의도한 바와는 다르게 이해할 수도 있다.[73]

(…) 그리고 바로 이 순간부터 언어 전체가 나타납니다. 또 이어지는 대화 속에서 나는 나의 의도가 여러 형태소의 분절된 총체에 의해 빗나가고, 제한되고, 풍부하게 되며, 배반당하게 되는 것을 보게 될 것입니다. 이렇듯

리게 된다. 이렇게 나는 다른 모든 수요자와 마찬가지로 이미 "다른 사람"이고, 그로 인해 나는 나의 이해관계와는 반대로 행동하게 된다(PI, 447). 이것이 바로 사르트르가 제시하는 실천적-타성태의 전형적인 모습이다.

73 언어학의 한 갈래인 '화용론(pragmatisme)'을 고려하면 이해가 쉬울 것 같다. 어떤 사람이 '야!'라고 말했을 때, 이 말은 이 사람과 이 말을 듣는 사람이 처해 있는 상황 등에 따라 달리 이해될 수 있다는 것이다.

기이한 연결 양태인 언어는, 나와 타자를 '동일자'로서, 다시 말해 의도적으로 소통하는 주체로서 연결하는 한에서, '타자로서의' 나를 '타자로서의' 다른 사람과 연결합니다.(PI, 448)

작가는 이런 역설적인 상황을 제거하기는커녕 오히려 최대한 이용해 작품의 애매성을 높인다는 것이 사르트르의 주장이다. 그러니까 작가는 일상어에 있는 기존의 어휘, 구문 등을 이용해 고안해 낸 "자신의 언어-내-존재"를 수단으로 "자신의 세계-내-존재"를 표현하고자 한다(PI, 448).

그 과정에서 작가는 자신의 세계-내-존재와 자신의 언어-내-존재 사이의 차이 ―거기에 침묵이 자리한다― 를 줄이기 위해 어휘, 통사, 문장 등을 이용해 "엉뚱한 초의미들 sursignifications aberrantes"이 나타나게 한다(PI, 448). 이렇듯 작가의 일상어 사용은 최대한의 정보 전달보다는 오히려 최대한의 비정보 전달을 추구한다. 그렇다고 해서 작가가 일상어를 사용하는 이런 방법이 단순히 "어리석은 말장난 jeux de mots absurdes"에 불과한 것은 아니다. 그보다는 오히려 이런 방법은

작품 속에서 "모호한 의미들"을 제시해 애매성을 높이는 데 기여한다(PI, 448).[74]

7) 물론 작가가 행하는 이와 같은 일상어 사용이 "의미작용들"을 독자에게 전달하기 위한 것이라는 점은 분명하다. 그도 그럴 것이 "의미작용이 없으면 애매성도 없고, 말은 하나의 대상을 포함할 수 없을 것"이기 때문이다(PI, 449). 그런데 여기

----

[74] 이와 관련해 사르트르의 '문체(style)'에 대한 언급은 흥미롭다. 일반적으로 문체는 작가의 사상 또는 감정을 효과적으로 나타내는 개별적 장치로 규정된다. "문체는 곧 그 사람이다"라는 말에 이런 규정이 잘 반영되어 있다. 그런데 사르트르는 우선 "문체가 어떤 지식도 전달하지 않는"다고 단언한다(PI, 448). 문체는 그저 "작가가 자신의 세계-내-존재를 제시하는 하나의 방법 ―하지만 근본적인― 일 뿐이라는 것"이다(PI, 449). 하지만 이 두 단언 사이에는 약간의 모순이 있어 보인다. 그도 그럴 것이 작가가 자신의 세계-내-존재를 제시하는 것에는 어쨌든 그에 대한 최소한의 정보 ―이 정보가 그에 대한 지식의 일부라는 것은 분명하다― 가 들어 있기 때문이다. 사르트르는 문체를 한 문장에 여러 의미를 넣는 작업으로 이해한다. 이를 고려하면 사르트르에게서 문체는 "개별성"의 자격으로 작가가 언어 전체에 대해 취하는 "하나의 관점(le point de vue)"이라고 할 수 있을 것 같다(PI, 449). 그 결과, 문체를 통해 작가의 세계-내-존재가 부분적으로 작품 속에 제시되기는 하지만, 이를 통해 그의 숨결 정도를 느낄 수 있을 뿐, 그를 온전히 알 수는 없다. 그러니까 사르트르는 문체를 작가의 세계-내-존재, 곧 개별적 보편자로서의 모습을 제시하면서도 가리는 애매성을 높이는 정치로 이해할 수 있을 것 같다. 바꿔 말해 문체는 작가가 자신의 세계-내-존재를 전달하면서 엉뚱한 초의미들을 이용해 일상어를 흐릿하게 하면서 창출된 의의의 언어적 총체라고 할 수 있다.

150

에서 사르트르는 근대 작가[75]가 비의미적 요소들을 사용해 개별적 보편자인 자신의 세계-내-존재를 독자에게 제시하고자 하는 의도를 "의의의 탐구recherche du sens"라고 부르고 있다(PI, 449-450). 그리고 이 의의의 탐구를 "부분 안에 들어 있는 총체성의 현전"으로 이해한다(PI, 450). 그러니까 작가라는 이 세계, 곧 전체의 부분 속에 그의 앞과 배후의 세계-전체가 육화된 것이다.

여기에서 중요한 것은 '의의sens' 개념이다. 앞에서 언급한 것처럼 사르트르는 이 '의의' 개념을 '의미signification' 개념과 구별한다.[76] 이 두 개념의 차이를 이해하기 위해 강가에 매여 있는 한 척의 나룻배를 생각해 보자. 이 예에서 '나룻배'라는 기호에 일대일로 대응하는 정확한 지시대상référent précis이 '의미'에 해당한다. 그러니까 나루에서 짐이나 사람을 실어 나르는

---

75 앞에서 언급한 것처럼 여기에서 근대 작가는 2차 세계대전 이후, 곧 1950-1970년대에 활동한 현대 작가를 말하는 것으로 보인다. 실제로 사르트르가 세 번째 강연의 범위를 현대 작가로 한정했다는 사실을 떠올리자.

76 의미와 의의는 각각 '명시적 의미', '외연적 의미', 또는 '외시'로 번역되는 'dénotation'과 '함축적 의미', '내포적 의미' 또는 '공시'로 번역되는 'connotation'과 유사하다고 할 수 있다.

한 척의 배가 그것이다. 이런 의미는 나룻배에 대해 이미 형성된 정확한 정보나 지식 또는 보편성과 밀접하다. 하지만 이 나룻배가 지닌 '의의'는 그 의미와 다르다. 강가에 무심히 떠 있는 나룻배 한 척에는 수많은 사연이 어려 있을 수 있다. 사공의 힘든 삶, 강 건너 마을로 품을 팔러 가는 아낙네를 실어 나르는 배, 피치 못할 사연이 있어 마을을 급하게 떠나야 하는 남자를 태운 배 등등… 이렇듯 의의는 엉뚱한 초의미들과 밀접하다.

이것들도 나룻배와 관련된 의미들임에 틀림없다. 하지만 이것들은 이 나룻배에 대한 정확한 정보나 지식을 주는 의미들이 아니다. 거기에는 분명 나룻배가 지닌 일의적인 의미에 비해 잉여적이고 또 그것에 해로운 애매성이 없지 않다. 그러니까 거기에는 나룻배를 체험한 사람의 개별성이 개입되어 있는 것이다. 사르트르는 이런 애매한 의미들과 그것들의 총체로 이루어지는 지식을 각각 "준-의미들quasi-significations"과 "준-지식quasi-savoir"이라고 부르고, 이것들이 '의의'의 "수단"에 해당한다고 본다. 그리고 사르트르는 이런 준-의미들과 준-정보, 곧 의의를 담고 있는 언어적 총체를 '문체style'로 규정한다(PI, 450).

　사르트르는, 문학작품에서 보편적인 것으로 주어질 수 있는 것, 곧 의미, 정보 또는 지식은, 개별성의 자격으로 이 작가가 개입한 문체의 효과로 인해 "가짜 보편성fausse universalité"으로, 곧 '의의'로 나타날 수도 있다는 사실을 한 권의 소설을 통해 보여 준다. 사르트르는 한 일본 작가의 『국화 앞에서의 약속Le Rendez-vous aux chrysanthèmes』이라는 소설의 첫머리 부분을 소개한다. "변덕스러운 사람은 쉽게 사귀지만 오래 못 가고, 일단 헤어지면 결코 당신의 안부를 묻지 않을 것이다."(PI, 450)

　이 문장은 보편적인 문장이다. 모두가 인정하는 내용을 담고 있고, 또 작품을 읽고 나면 결국 이 문장의 내용이 돈독한 우정을 강조하는 것임을 알게 되기 때문이다. 실제로 이 문장은 중국의 이야기에 나오는 것을 작가가 완전히 바꾼 것이다. 여기에서 제기되는 문제는 작가가 왜 이 문장을 고수했을까이다. 이 문제에 대한 사르트르의 답이 바로 개별성의 자격으로 이 작가가 이 문장에 개입해서 이 문장의 '의미'를 '준-의미', 곧 '의의'로 바꿔 놓으면서 애매성을 높이고 있다는 사실이다(PI, 451).

8) 사르트르는 방금 지적한 몇 가지 고찰로부터 '오늘날'의 문학작품이 세계-내-존재의 두 측면을 동시에 제시하는 임무를 띠고 있음을 확인할 수 있다고 말한다.

위의 고찰로부터 출발해 오늘날의 문학작품의 임무는 '세계-내-존재'의 두 측면을 동시에 제시하는 것이라고 할 수 있습니다. 오늘날의 문학작품은 이 세계-내-존재가 생산한 어떤 특이한 부분을 매개로 세계가 세계 자신에게 하는 폭로 그 자체가 되는 것입니다. 그렇게 함으로써 우리는 개별성의 생산자로서의 보편적인 것을 도처에서 제시하고, 또 역으로 보편적인 것의 굴절과 비가시적인 한계로서의 개별성을 포착하는 것입니다. 우리는 또한 이렇게도 말할 수 있습니다. 즉, 객관성은 매쪽마다 주관적인 것의 근본적 구조로서 밝혀져야 하며, 역으로 주관성은 어디에서나 객관적인 것의 침투가 불가능한 것으로 탐지될 수 있어야 한다는 것이 그것입니다.(PI, 451-452)

또한 사르트르는 이와 같은 이중의 의도를 가진다면 문학 작품이 어떤 형식을 취하더라도 중요한 문제가 아니라고 말하고 있다. 이를 위해 사르트르는 카프카, 아라공, 프루스트, 로브그리예, 뷔토르, 팽제 등과 같은 작가의 여러 작품의 형식을 언급하면서, 어떤 형식을 택할 것인가는 각 작가의 개별적 작업에 달려 있으며 우선권을 가진 문학 형식이란 없다는 점을 강조한다(PI, 452). 그러면서 "비지식, 체험의 양식 위에서 '전체'를 파악하지 않는 문학작품은 가치가 없"다고 말하고 있다.

그와는 반대로 작품이 비지식과 체험의 형태로 '전체'를 표현하지 않는다면, 가치가 있는 작품은 존재하지 않습니다. 이때 전체란 '인식되지' 않은 채 '체험된' 사회적 과거와 역사적 상황입니다.(PI, 452-453)

여기에서 사르트르는 작품에 포함되어야 하는 전체에서 작가의 세계-내-존재라는 철학적 측면보다는 오히려 작가가 몸담고 있는 사회적, 역사적 측면을 더 강조하고 있는 것으로 보인다.[77] 이런 관점에서 오늘날 "하나의 세계One World"라는 환경을 고려할 때 문제시되는 원자폭탄이나 우주 탐험의 주제들을 다루지 않는 작가는 "누구나 이 세계가 아닌 추상적인 세계에 대해 말하는 것이 될 것이며", 그 결과 그는 "농담꾼이나 협잡꾼일 뿐이"라는 것이 사르트르의 주장이다(PI, 453).

그렇다고 해서 작가가 자신의 작품에서 구체적으로 원자폭탄에 대해 직접 말할 필요는 없다. 사르트르에 의하면 그는 그저 간접적으로, 암시적으로 현대인들의 고뇌를 통해 이 폭탄의 존재를 드러내 주기만 하면 된다(PI, 454). 작가는 이처럼 자기가 살고 있는 사회라는 전체를 비지식 속에서, 비정보 속에서 애매하고 흐릿하게 드러내는 것으로 충분하다. 요컨대 "작가는 일상어 속에 포함되어 있는 비정보 부분을 드러내, 전달할 수 없는 것(체험된 세계-내-존재)을 전달하는 것을 목표로 하며, 전체와 부분, 총체성과 총체화, 세계와 그의 작품의 의미로서의 세계-내-존재 사이의 긴장을 유지하"면서 참여하는 것을 겨냥하고 있다(PI, 454).

---

77 앞에서 지적한 세계-내-존재 개념에서 세계의 의미에 대한 설명을 상기하자.

　이렇듯 작가는 "그의 직업 속에서 특수와 보편 사이의 갈등과 싸우고 있다는 것"이 사르트르의 주장이다(PI, 454). 물론 작가와 다른 지식인들이 맞서 싸우는 갈등의 기원은 다르다. 하지만 다른 지식인들이 "우연적으로" 지식인인 데 비해, 작가는 "본질적으로" 지식인이라는 것이 사르트르가 내리는 결론이다.

　작가의 참여는 일상어 속에 포함된 비정보 부분을 이용함으로써 소통 불가능한 것(체험된 세계-내-존재)을 소통하는 것을 겨냥합니다. 또한 작가의 참여는 전체와 부분 사이, 총제성과 총체화 사이에서, 작품의 '의의'로서의 세계-내-존재 사이에서 긴장을 유지하는 것을 겨냥합니다. 이렇듯 작가는 '그의 직업 자체 속에서' 특수성과 보편적인 것의 모순에 직면해 있습니다. 다른 지식인들은 자신의 직업의 보편주의적 요구와 지배계급의 특수주의적 요구 사이의 모순에서 자신의 기능이 생겨나는 것을 봅니다. 그 반면에 작가는 자신의 내적인 임무 속에서 '지평선상에서' 삶을 확인하는 '보편화'를 암시하면서 체험의 차원에 머물러야 하는 의무를 발견합니다. 이런 의미에서 작가는 다른 지식인들처럼 '우연히'가 아니라 '본질적으로' 지식인인 것입니다.(PI, 454-455)

이런 결론에 이어 사르트르는 그 당연한 결과로 작가가 창작하는 문학작품이 지녀야 할 모습을 제시하고 있다.

정확히 이런 이유로 작품 그 자체는 작가로 하여금 '작품을 벗어나' 이미 다른 지식인들이 있는 이론적-실용적 차원에 위치할 것을 요구합니다. 왜냐하면 작품은 한편으로 우리를 짓밟는 세계 속에 존재를 ―비지식의 차원 위에서― 복원시키기 때문이며, 다른 한편으로는 작품은 절대적 가치로서의 삶을 체험적으로 확인하는 것이자 다른 모든 자유에 호소하는 하나의 자유를 요구하기 때문입니다.(PI, 455)

5장

—

지식인 개념의 변화

앞에서 사르트르가 일본에서의 세 차례 강연의 내용을 1972년 출간된 『상황』 제8권에 수록하면서 일종의 서문을 붙였다는 사실과 이 서문에서 68혁명으로 인해 자신의 지식인관에 큰 변화가 일어났음을 지적했다는 사실을 언급한 바 있다.

사르트르의 지적에 의하면 일본 강연에서 제시된 지식인 개념은 고전적 지식인에 해당하며, 68혁명 이후에는 이 개념이 더 이상 유효하지 않게 된다. 이 혁명 이후에 마오주의자들과의 교류를 통해 이 개념을 폐기 처분하고 이것과는 다른 개념을 제시한다. 여기에서는 이 점을 염두에 두고 그가 68혁명에서 고전적 지식인으로서 구체적으로 어떤 모습을 보여주었는지를 보고, 이어서 이 지식인 개념에 어떤 변화가 일어났는지를 보기로 한다.

5.1. 사르트르와 68혁명

사르트르가 일본 방문 중에 지식인을 주제로 선택한 배경에는 실존주의의 퇴조와 구조주의의 부상, 그로 인한 프랑스 지성계에서의 그의 위상 추락과 내적 위기가 놓여 있다고 했다. 실제로 1964년부터 1966년 사이에 프랑스에서 구조주의는 절정에 다다랐다. 그렇다고 그 무렵에 그의 지식인으로서의 명성이 완전히 땅에 떨어진 것은 아니었다. 이미 여러 차례 지적한 대로 그는 1964년 노벨문학상 수상 작가로 선정되어 영광의 정점에 있었다. 하지만 그는 구조주의 득세로 인해 이미 파리 지성계의 무대 뒤편으로 물러나게 되었으며, 사유의 주체와 역사 형성 주체로서의 인간의 역할을 지나치게 강조한다는 평을 듣고 있었다.

그런 와중에 사르트르는 1966년 일본을 방문해 지식인을 주제로 한 강연으로, 내적 위기를 겪고 있던 자신을 포함해 곤경에 빠진 지식인들을 옹호하게 된 것이다. 그로부터 2년 후에 프랑스 현대사에서 굵은 한 획을 그은 68혁명이 발발한다. 사르트르는 이 혁명에 적극 참여한다. 그는 이 혁명을 계기로 지식인으로서의 실추된 영광을 어느 정도 만회하게 된다. 그 기간이 오래 지속되지는 않지만 말이다. 요컨대 이 혁명은 그의 지식인로서의 생명을 잠시 연장해 준 산소호흡기와 같은 역할을 했다고 할 수 있다.

68혁명은 사르트르의 혁명으로 불리고, 사르트르의 반격으로 규정된다는 사실을 앞에서 언급한 바 있다. 특히 1966년 무렵 절정에 달했던 구조주의에 대한 반격이 그것이다. 이 혁명의 밑바닥에는 "구조주의 사망 진단서l'acte de décès du structuralisme"[78]가 놓여 있다고들 한다. 사르트르가 1960년 출간한 『변증법적 이성 비판』으로 인해서이다. 구조주의자들이 서둘러 매장하고자 했던 그의 이 저서는 8년 후에 발발할 혁명

---

78 Epistémon, *op. cit.*, p. 76.(LES, p.461에서 재인용했다.)

을 "예언했다prophétiser"[79]는 평가를 받았다. 또한 이 혁명으로 인해 구조주의가 내세운 주체의 죽음, 역사 형성을 주도하는 인간의 죽음 등의 구호가 무색해지기도 했다.[80]

사르트르는 『변증법적 이성 비판』을 통해 68혁명에 이론적 토대를 제공함과 동시에 이 혁명에 직접 참여해 주도 세력과 교감하기도 했다. 1968년에 이미 63세였고, "구세대"[81]에 속했으며, 이미 한물간 사람이라는 평가 속에서도 그는 이 혁명의 초기부터 적극 참여했다. 그는 대중매체와의 인터뷰, 혁

---

79 *Idem*.(LES, p.462에서 재인용했다.)

80 이와 관련해 1962년 『야생의 사고』에서는 사르트르의 『변증법적 이성 비판』이 거론된다. 그 유명한 '사르트르-레비스트로스' 논쟁 또는 '실존주의-구조주의' 논쟁을 촉발한 레비스트로스가 68혁명을 거론하면서 이 혁명을 "구조주의에 대한 마르크스주의적 실존주의의 승리(a triumph of Marxian existentialism over structuralism)"로 규정한 것은 흥미롭다. 레비스트로스는 1969년에는 이렇게 말한 적도 있다. "주지의 사실이지만 프랑스에서 구조주의는 더 이상 유행이 아닙니다. 1968년 5월 이후 모든 객관성은 부정되어 버렸어요. 젊은이들의 입장은 사르트르의 그것과 일치합니다."(*The New York Times*, Dec. 1969, Ronald Hayman, *op. cit.*, p.415에서 재인용했다.) 심지어 레비스트로스는 1973년에는 에라스무스상(Prix Erasme)을 받기 위해 갔던 암스테르담에서 "다행스럽게 구조주의는 1968년 이래로 유행이 아닙니다"라고 말하고 있기도 하다.(*Le Monde*, Ier juin, 1973, François Dosse, *Histoire du structuralisme*, t. II: *Le chant du cygne, 1967 à nos jours*, Le Livre de poche, coll. Biblio/Essais, 1995, p.139에서 재인용했다.)

81 Denis Berthlot, *Sartre*, Perrin, coll. Tempus, 2000, p.499.

명 지지 선언, 강연, 토론회 참석 등과 같은 방식을 택했다. 이런 참여 방식의 특징은 그가 주로 '글'과 '말'에 의지했다는 점에서 찾아볼 수 있다.

사르트르는 특히 5월 20일 소르본대학(이하 소르본) 강당 강연에 초대된 "단 한 명의 거물급 지식인un seul grand intellectuel"[82]이었다. 그는 68혁명의 주도 세력인 학생들의 "영웅héros"[83]이자 강력한 "지지자suppoter"[84]로 여겨졌으며, 그 결과 그는 후일 68혁명 주역 중 네 번째 주요 인물로 선정되기도 했다.[85]

여기에서는 1968년 5월부터 7월까지의 사르트르의 행적

---

82 François Dosse, *Histoire du structuralisme*, t. II, *op. cit.*, p.136.

83 Michel Winock, *Le Siècle des intellectuels*, Seuil, coll. Points, 1999, p.704.

84 Denis Berthlot, *op. cit.*, p.500.

85 68혁명 40주년이었던 2008년에 프랑스의 한 잡지에서 혁명 주역들과 반대자들의 서열을 매긴 적이 있다. 사르트르는 주역 중에서 네 번째 자리를 차지했다. 그의 앞에는 학생들의 리더였던 다니엘 콘벤디트(Daniel Cohn-Bendit), 알랭 제스마르(Alain Geismar), 자크 소바조(Jacques Sauvageot)가 있을 뿐이었다. 반대자들 중에서는 그 당시 파리 경찰서장 모리스 그리모(Maurice Grimaud), 대통령 샤를 드골(Charles de Gaulle), 총리 조르주 퐁피두(Georges Pompidou), 국가보안대(CRS)순으로 서열이 매겨졌다. (Cf. "Les acteurs de Mai 1968", *Le Nouvel Observateur*, publié le 27 mars 2008 à 13h 09m.) http://tempsreel.nouvelobs.com/societe/le-quotidien-de-1968/20080306.OBS3786/les-acteurs-de-mai-68.html)

을 중심으로 그의 참여를 간략히 살펴보고자 한다. 68혁명이 발발하자 그는 곧장 참여한다. 그는 이 혁명의 발발을 예측하지는 못했다고 술회한다. 하지만 그는 곧바로 혁명의 소용돌이 속으로 뛰어든다. 그의 첫 번째 참여는 5월 6일[86]에 이루어진다. 소르본이 있는 라틴구역Quartier latin에서 학생들과 경찰의 충돌이 있은 후, 그는 다른 지식인들과 함께 "모든 노동자와 지식인에게 학생들과 교수들이 참여한 투쟁 운동을 물심양면으로 지지해 줄 것"을 호소하는 선언문을 발표한다.[87] 또한 5월 10일 전야에 그는 블랑쇼, 클로소브스키, 라캉, 르페브르 등과 함께, 한 선언문에 서명한다. 1968년 5월 10일 자『르몽드Le Monde』에 그 내용이 실려 있다.

이 운동에서 무엇이 추구되는지, 무엇이 관건인지를 인정하지 않는다는 것은 부끄러운 일이다. (…) 또한 비난

---

86 68혁명의 진원지인 파리10대학은 5월 2일에, 소르본은 5월 3일에 각각 폐쇄되었다.
87 *Le Monde*, 8 mai 1968.(LES, p. 463에서 재인용했다.)

의 대상이 되고 있는 이 운동의 몇몇 조직에서 행해지는 폭력이 대부분의 현대 사회를 비호하고, 또 경찰이 저지르는 야만적 행위에 의해 드러나는 거대한 폭력에 대한 응수라는 사실을 이해하지 못한다는 것 역시 부끄러운 일이다. 우리가 지체 없이 고발하고자 하는 것이 바로 이와 같은 부끄러움이다.[88]

이 선언문을 통해 최소한 두 가지 사실을 알 수 있다. 하나는 그가 "광견병에 걸린 자들les enragés"[89]이라는 비난을 받았던 학생들을 적극 지지했다는 사실이다. 다른 하나는 그가 학생들의 폭력을 용인하는 태도를 취했다는 사실이다. 두 번째 사실은 중요하다. 그도 그럴 것이 『변증법적 이성 비판』이 68혁명의 예언서로 여겨질 수 있는 요인 중 하나가 이 폭력 사용의 정당화와 무관하지 않기 때문이다.

사르트르의 참여는 계속된다. 5월 12일에는 라디오 방송

---

88 *Le Monde*, 10 mai 1968.(LES, p.463에서 재인용했다.)
89 Annie Cohen-Solal, *op. cit.*, p.587.

을 통해서이다. 학생들은 경찰에 맞서 바리케이드를 쌓고 가두 투쟁에 돌입한다. 이 투쟁의 정점은 그 유명한 5월 10-11일 '게뤼삭가 바리케이드의 밤nuit des barricades de la rue Gay-Lussac'이다. 5월 12일, 사르트르는 라디오 뤽상부르Radio-Luxembourg와 가진 한 인터뷰에서 거듭 학생들의 폭력 사용을 옹호한다.[90]

젊은이들은 부모들, 즉 우리들의 미래를 원치 않습니다. 주지의 사실이지만 우리가 폐쇄된 체제 속에서 완전히 희생되고 무조건적인 복종에 일그러지고 비겁해지고 지치고 피로해진 사람들이었음이 입증된 미래를 그들은 원치 않습니다. 어떤 체제가 되었든, 부모들이 만들어 놓았지만 자신들이 편입되길 원치 않는 체제 속으로 들어서지 않은 학생들에게는 유일하게 폭력만이 남아 있습니다. (…) 나는 모든 젊은이가 동참하기를 바랍니

---

90 이 인터뷰는 전단의 형태로 5월 파리 시내에 유포되었다. 유튜브에서도 그날의 인터뷰 중 일부를 들을 수 있다.(Cf. Mai 68, Archives sonores de RTL, https://www.youtube.com/watch?v=Sf9S7RE-glQ)

다. 이 저항의 힘은 폭력적입니다. 왜냐하면 좌파는 폭
력적이 되는 것 이외에 달리 길이 없기 때문입니다. 사
람들이 좌파에게 폭력을 행사한 것입니다.[91]

이 인터뷰가 방송된 지 일주일 후인 5월 20일은 사르트르
에게 두 가지 측면에서 중요한 날이다. 이날 그가 콘벤디트와
가졌던 대담[92]이 공표되었기 때문이고, 또 그가 소르본에서
학생들 앞에서 강연을 했기 때문이다. 먼저 코벤디트와의 대
담을 보자. 대담을 주선한 것은 좌파 성향의 『르 누벨 옵세르
바퇴르Le Nouvel Observateur』였다. 이 잡지는 68혁명의 리더들과
좌파 유력 인사들을 초청해 대담 자리를 마련함으로써 혁명
의 진행 과정에서 중요한 역할을 하게 된다.[93]

---

91 LES, p.463.
92 이 대담이 언제 이루어졌는지는 불분명하다. 사르트르 평전을 쓴 코엔솔랄도 인
    터뷰가 있은 지 "며칠 후에(quelques jours après ces déclarations)"(Annie Cohen-Solal, *op. cit.*,
    p.587)라고만 기술하고 있다.
93 Cf. Laurent Joffrin, *Mai 1968: Une histoire du mouvement,* Seuil, coll. Points, 2008,
    p.397, note 4.

　　"상상력에 권력을L'imagination au pouvoir"[94]이라는 제목하에 공표된 대담에 대해 다음과 같은 두 가지 의의를 지적할 수 있다. 하나는 이 대담을 통해 사르트르는 학생운동을 위해 노동자들과 연대의 필요성을 역설함과 동시에 "한 명의 겸손한 대담자un modeste interviewer"[95]로서 콘벤디트의 급진주의자적 이미지를 냉철함과 명석함을 갖춘 이미지로 탈바꿈시키는 데 일조를 했다는 점이다.[96]

　　다른 하나는 1968년 프랑스를 위시해 여러 나라에서 발발한 혁명을 규정할 때 거론되곤 하는 표현인 '상상력에 권력을'의 저작권이 사르트르에게 있을 수도 있다는 점이다. 물론 이 제목은 대담을 주선한 잡지사가 붙인 것일 수도 있고, 또 사르트르가 '상상력'이라는 단어를 소르본의 벽이나 길거리에서 볼 수 있었던 슬로건 등에서 차용했을 수도 있다. 하지만 다

94　정확한 제목은 "L'imagination au pouvoir. Entretien de Jean-Paul Sartre avec Daniel Cohn-Bendit"이다.

95　Philippe Labro, *Ce n'est qu'un début*, Editions et publications premières, coll. Edition spéciale, n° 2, 1968, p.30.(LES, p.465에서 재인용했다.)

96　LES, p.465.

음의 대담을 보면 '상상력과 권력'을 결부시킨 것은 사르트르라는 점, 그리고 그가 이 표현을 통해 68혁명의 본질을 꿰뚫어 보고 있다는 점을 알 수 있다.

당신들의 활동에서 흥미로운 것은 상상력에 권력을 부여한다는 점입니다. 모두가 그렇듯이 당신들도 제한된 상상력을 가지고 있습니다. 하지만 당신들은 나이 든 사람들보다 훨씬 더 많은 아이디어를 가지고 있습니다. (…) 또한 당신들은 훨씬 더 풍부한 상상력을 가지고 있습니다. 소르본의 벽에 적혀 있는 말들이 그것을 증명해 줍니다. (…) 나는 그것을 가능성 영역의 확대라고 부르겠습니다.[97]

5월 20일, 이날은 이런 내용의 대담이 공표된 날이라는 사실 외에도 68혁명과의 관계라는 면에서 볼 때 사르트르에게는 크게 의미 있는 날이기도 했다. 그는 이날 학생들이 일주

97 *Ibid.*, p.464.

일 전부터 점거하고 있었던 지성의 성소^{sanctuaire}인 소르본 강
당에서 강연을 하는 기회를 갖게 된다. 학생들이 자신들의 지
지자이자 영웅에게 발언 기회를 준 것이다. 그는 그 기회에 교
수의 강의와 같이 혼자 일방적으로 하는 강연을 한 것이 아니
라 학생들에게 질문을 받고 답을 주는 형식의 강연을 했다.[98]

사르트르의 강연에 대해 다음과 같은 사실을 지적할 수 있
다. 그가 68혁명의 주요 세력인 학생들에게는 여전히 이의제
기, 저항, 변화를 '가장 확고한 권위로^{le plus autorisé}' 보증해 줄
수 있는 인물로 인정받았다는 사실이 그것이다.

사르트르가 온다는 소식에 수천 명의 학생이 황금빛 목
재 건물로 된 웅장한 강당을 문자 그대로 공략했다. 학
생들이 정원을 초과해 마구 몰려드는 것을 그 누구도,
아무것도 막을 수가 없었으므로, 그들은 모든 안전상의
금지 사항 등은 깡그리 무시했다. (…) 학생들 사이에서
이런 집단화 현상을 일으킬 수 있는 작가는 전 세계를

<hr style="width:120px">

98 Laurent Joffrin, *op. cit.*, p.240.

통틀어 그밖에 없을 것이라는 말이 오고 갔다.[99]

물론 그날 소르본 강당은 "무질서와 혼란이 판을 치고 방자한 말이 난무하는"[100] 분위기였다. 하지만 이런 분위기는 역으로 68혁명의 슬로건 중 하나인 "금지하는 것을 금지한다Il est interdit d'interdire"에서 짐작할 수 있는 것처럼, 모든 것이 허용되는 완벽한 자유가 숨 쉬는 분위기였다고 할 수 있다. 이런 분위기 속에서 사르트르는 강연이 끝나 갈 무렵 피곤함을 내비치기는 했으나, 학생들과 "완벽한 정신적 교감en totale communion d'esprit"[101]을 나누었다고 말하고 있다. 이런 단언은 뒤에서 보게 될 68혁명의 예언서로서 『변증법적 이성 비판』에서 기술되고 있는 "융화집단groupe en fusion"의 형성[102]과 무관하지 않다.

---

99 Annie Cohen-Solal, *op. cit.*, pp.589, 591.

100 *Ibid.*, p.590.

101 *Idem*.

102 융화집단은 『변증법적 이성 비판』에서 제시된 인간들의 이상적인 공동체를 지칭한다. 사르트르에 의하면 존재론 차원에서 인간들 사이의 관계는 '시선'으로 상대방을 바라보며 대상화하면서 주체의 위치를 선점하려 드는 갈등, 투쟁 관계로 여겨진다. 이런 갈등, 투쟁의 관계는 사르트르의 인간학 차원에서도 그대로 유지된다. 그 요인은 다수의 인간 존재와 희소성(rareté)이다. 인간은 단지 신이 되

요컨대 그는 학생들과 하나됨, 곧 '우리'의 형성을 경험했다고 할 수 있다.

사르트르는 1968년 6, 7월에 5월의 행적을 되돌아보게 된다. 어쩌면 그가 이 혁명에 부여하는 의미를 파악하기 위해서는 5월의 행적보다 오히려 6, 7월의 행적을 눈여겨보는 것이 더 도움이 된다고 할 수 있다. 여기에서는 6월에 공표된 아롱

고자 하는 욕망을 실현하려는 존재가 아니라 자신의 생물학적 욕구를 충족시키면서 살아남아야 하는 존재이기도 하다. 그 과정에서 그들은 군집(rassemblement)을 형성한다. 하지만 이 군집에서의 인간관계는 집단적 갈등, 투쟁으로 치닫게 된다. 이런 상태에서 '너-나-그'의 주체성과 완벽한 상호성(réciprocité parfaite)을 바탕으로 형성되는 군집으로의 탈바꿈을 시도하게 되고, 그 결과 나타나는 군집이 바로 융화집단으로 이해된다. 다만, 융화집단으로의 이행 과정에서 기존의 폭력을 제압하는 대항폭력의 사용이 정당화되는 경우도 없지 않다. 가령, 프랑스 대혁명 당시 기존의 폭력을 상징하는 바스티유(Bastille) 감옥을 공격하는 파리 시민들이 호소한 폭력이 바로 대항폭력에 해당하며, 이들이 구상한 군집이 바로 융화집단에 해당한다. 다만, '우리(nous)'의 형태를 띠는 이 융화집단은 실천 중에 있을 때만 그 존재 이유를 갖게 되며, 따라서 이 집단 존속 문제가 제기된다. 이 문제를 해결하기 위해 사르트르는 또 다른 폭력에 의지해야 한다는 논리를 펴고 있는데, 이것이 바로 '서약(serment)'이다. 이를 계기로 융화집단은 '서약집단(groupe assermenté)'으로 이행하게 된다는 것이 사르트르의 주장이다. 물론 사르트르는 비폭력적 수단을 동원해 평화적인 방법으로 융화집단을 형성하는 문제도 등한시하지 않는다. 요컨대 사르트르의 사유에서 융화집단은 일종의 이상적인 공동체라고 할 수 있다.

을 비판하는 내용의 대담과 7월에 독일 『슈피겔*Der Spiegel*』지와 가졌던 대담에만 주목하고자 한다.

먼저 아롱에 대한 비판을 보자. 사르트르와 아롱은 '절친petit camarade'이었다가 이념적으로 결별했다.[103] 1940-1960년대 프랑스 지성계의 좌우 진영을 대표하는 인물이었던 두 사람은 68혁명에 완전히 상반된 태도를 보인다. 사르트르는 이를 적극 지지하는 입장이었던 반면, 아롱은 비난하는 입장이었다. 1958년부터 1967년까지 소르본 교수로 재직했던 아롱은 학생들의 눈에 '특권적 지식인들les mandarins'의 상징으로 보였고, 그런 만큼 주요 공격 대상이었다. 실제로 그는 68혁명을 "사이코드라마psychodrame"라고 규정하기도 했다.[104]

이런 아롱에 대해 사르트르는 분개했다. 1968년 6월 19일 간행된 『르 누벨 옵세르바퇴르』에 실린 "레몽 아롱의 바스티유 감옥Les Bastilles de Raymond Aron"이라는 제목의 대담에서 그는

---

103 사르트르와 아롱의 이념적 결렬에 대해서는 다음을 참고하라. 변광배, 「사르트르와 아롱의 이념적 결렬과 한국전쟁에 관한 해석」(in 정명환, F. 시리넬리, 변광배, 유기환, 『프랑스 지식인들과 한국전쟁』, 민음사, 2004, 제3장, 155-218쪽.)

104 Michel Winock, *op. cit.*, p.705.

아롱을 통렬하게 비판한다. 물론 그가 이 대담에서 아롱만을 비판한 것은 아니다. 또한 이 대담은 1968년 6월 11-12일 파리에서 있었던 대규모 학생 시위에서 과격한 폭력으로 인해 여론이 악화되는 상황에서 이루어졌기 때문에, 사르트르는 이 대담에서 학생들이 사용한 폭력이 "대항폭력"이라는 점을 강조한다.

6월 11일, 파리에서 학생들에게 자유롭게 그들의 분노를 표현하는 것을 방해하면서 전체적으로 암을 퍼뜨린 것은 바로 당국입니다. 시위대는 그들에게 행해진 기존폭력에 대해 대항폭력으로만 응수했던 것입니다.[105]

학생들의 대항폭력은, 경찰이 그들을 무력으로 진압하면서 행사한 폭력에 맞서기 위해 동원된 것인 만큼, 그 기능은 "방어적défensive"[106]일 뿐이고, 따라서 이 폭력은 정당화될 수

---

105 Jean-Paul Sartre, "Les Bastilles de Raymond Aron", SVIII, p.178.
106 *Ibid.*, p.179.

있다는 것이 사르트르의 주장이다. 이 주장은 의미심장하다. 왜냐하면 그가 실제로 68혁명이 시작될 때부터 학생들의 폭력 사용을 용인하는 일관된 입장을 취하고 있기 때문이다.

이처럼 폭력의 문제를 다룬 후에 사르트르는 프랑스 대학의 교육 문제를 다룬다. 1968년 5월 당시에 학생들이 직면해 있던 교육 문제를 다루면서 그는 옛 친구였던 아롱에게로 비난의 화살을 돌린다. 그 주된 이유는 아롱이 1958년에서 1967년까지 소르본에서 교수로 재직하고 있었기 때문일 수도 있고, 또 그가 68혁명에 반대했기 때문일 수도 있다. 어쨌든 사르트르는 그에게 거의 인격 살인 수준의 공격을 가하고 있다.[107]

배움의 유일한 방법은 이의제기하는 것을 배우는 것입

---

[107] 한 연구자는 (아메리카 인디언들이 전리품으로 적(敵)의) "머리가죽 벗기기(une véritable danse du scalp)"라는 표현을 사용한다.(Jean-François Sirinelli, *Deux intellectuels dans le siècle, Sartre et Aron,* Fayard, coll. Pour une histoire du XXe siècle, 1995, p.339.) 사르트르는 아롱에게 "의도적으로(volontairement)" "욕을 했다(insulter)"고 회상하고 있다.(Jean-Paul Sartre, "Autoportrait à soixante-dix ans", *Situations, X,* Gallimard, 1976, p.189.)

니다. 이것은 또한 인간이 되는 유일한 방법이기도 하
죠. 인간은, 그가 이의제기를 하지 않는다면, 아무것도
아닙니다. (…) 아롱이 결코 이의제기를 하지 않았다는
데 내 손모가지 자르는 것을 걸겠습니다. 내 생각으론
이런 이유로 그는 교수 자격이 없는 것입니다.[108]

이렇듯 아롱에게 강한 비난을 퍼부었던 사르트르는 독일
『슈피겔』지와 1968년 7월에 가진 한 인터뷰[109]에서 68혁명에
대해 프랑스공산당PCF: Parti communiste français이 보였던 기회주
의적 태도를 비난한다. 이 혁명 이후 치러진 총선에서 드골을
중심으로 한 우파가 다수당을 차지한 상황에서 사르트르는
그 책임이 전적으로 PCF와, 당의 명령에 맹종했던 노동조합
등이 중심이 된 "'정치적' 좌파gauche 'politique'"― 사르트르는 학
생들이 중심이 된 좌파에는 "'사회적' 좌파gauche 'sociale'"라는 명

---

108 Jean-Paul Sartre, "Les Bastilles de Raymond Aron", SVIII, pp.187-188.
109 이 인터뷰는 『르 몽드』지 1968년 7월 16일 자에 "J.-P. Sartre: le parti communiste a
trahi la révolution de mai"라는 제목으로 발췌, 번역되어 실렸다.

칭을 붙이고 있다[110] — 에 있다는 사실을 강조한다.

사르트르에 의하면 PCF는 68혁명이 진행되던 동안 "혁명적인révolutionnaire" 적이 없었고, 심지어는 "개혁적인réformiste" 적도 없었다.[111] 요컨대 그는 이 대담에서 정치적 좌파의 배신으로 68혁명에서 자발적으로 형성되었던 학생들과 노동자들의 '유대union'가 깨졌고, 그 결과 정치적 모험이 실패로 막을 내렸다고 개탄하고 있다.

이렇게 해서 68혁명이 불타올랐던 5-7월의 3개월 동안 사르트르가 보여 준 참여의 행적을 간략하게 살펴보았다. 그렇다면 이런 행적에서 어떤 점을 눈여겨보아야 할까? 다음과 같은 세 가지 점이 두드러진다.

먼저 사르트르가 지식인으로서 68혁명 초기부터 적극적으로 참여했음에도 결코 실질적인 리더의 역할은 하지 않았고 또 하지 못했다는 점이다. 63세의 나이 탓도 있겠지만, 그는 그저 자기의 "명성의 무게le poids de sa notoriété"만을 학생들에

110　Jean-Paul Sartre, "Les Communistes ont peur de la révolution", SVIII, p.208.

111　*Ibid.*, p.210.

게 실어 주었다고 할 수 있을 뿐이다.[112] 그는 그들에게 운동의 이념, 방향 등에 대해 아무런 충고도 하지 않았다. 그런 만큼 그는 68혁명에서 학생들과 "함께avec", 따라서 혁명과 "함께"하기는 했으나, 그들의 운동 "속에dans", 따라서 혁명 "속에" 있지는 않았다고(또는 있지는 못했다고) 할 수 있을 것이다.[113]

그다음으로 사르트르가 혁명에 수반되기 마련인 폭력 사용을 용인함과 동시에 그것을 정당화하고 있다는 점이다. 학생들이 폭력에 호소하는 것이 그들에게 남은 유일한 방어 수단이라는 점, 그들은 경찰이 폭력적 방식으로 나올 경우에만 폭력에 호소했다는 점, 따라서 그들이 사용한 폭력은 대항폭력의 성격을 띠고 있으며, 그런 만큼 그들의 폭력 사용은 정당하다는 논리이다.

마지막으로 사르트르가 68혁명을 통해 겨냥한 것은 프랑스라는 부르주아 사회의 완전한 전복, 곧 '혁명', 즉 '총체적 혁명révolution totale'이 아니었다는 점이다. 실제로 그는

---

112 LES, p. 465.
113 Cf. Michel Winock, *op. cit.*, pp. 702-703.

1968년 6월에 『르 누벨 옵세르바퇴르』와 가졌던 한 대담에서 자신의 목표가 '혁명'보다는 오히려 "혁명적 개혁réforisme révolutionnaire"[114]이었다는 점을 분명하게 하고 있다.

5.2. 68혁명 이후: "새로운 지식인"

사르트르는 이렇듯 지식인으로서 68혁명에 적극 참여했다. 그 방식은 크게 두 가지였다. 하나는 직접적 방식이다. 가두 투쟁, 시위, 인터뷰, 선언, 강연, 토론회 참석이 그것이다. 다른 하나는 간접적 방식이다. 『변증법적 이성 비판』을 통해 이 혁명에 이론적 근거를 제공한 것이다. 그런데 이런 방식 모두 그가 『지식인을 위한 변명』에서 제시했던, 지식인이 사회 변혁에 참여하는 방식이었다고 할 수 있다.

사르트르는 68혁명으로부터 적지 않은 영향을 받은 것으로 보인다. 보부아르는 이 혁명으로부터 사르트르가 받은 영향에 대해 이렇게 증언하고 있다. "그 자신이 개입했고 또 깊

114　Jean-Paul Sartre, "L'idée neuve de Mai 1968", SVIII, p.196.

은 영향을 받기도 했던 68혁명은 그에게 또 다른 궤도 수정의 기회였다."[115] 그 영향 중 하나가 바로 그의 지식인관의 변화가 아닌가 한다. 앞에서 살펴본 것처럼 사르트르는 실제로 68혁명에 깊이 관여했다. 그런데 그는 68혁명 후에 특히 마오주의자들과의 교류 속에서 "새로운 지식인"[116] 개념을 제시하게 된다.

앞에서 지적한 것처럼 『지식인을 위한 변명』에서 제시된 지식인은 고전적 지식인으로 지칭된다. 이 지식인은 자기가 습득한 전문지식을 바탕으로 유기적 지식인을 배출해 내는 데 어려움을 겪는 프롤레타리아계급과의 연대의 필요성을 인식하면서 자기비판을 함과 동시에 이 계급으로 하여금 계급의식을 갖게 하는 데 봉사하는 것을 주된 역할로 여긴다고 했다. 이는 지식인이 이 계급을 돕고 또 그러면서 어느 정도 우월감을 느끼는 것이 허용된다는 것을 의미한다.[117]

---

115 Simone de Beauvoir, *La Cérémoie des adieux* suivi de *Entretiens avec Jean-Paul Sartre, août-septembre,* Gallimard, 1981, p. 15.

116 *Sartre,* (Un film réalisé par Alexandre Astruc et Michel Contat, texte intégral), Gallimard, 1977, p. 128.

하지만 68혁명 후에 마오주의자들과 함께 활동하면서 사르트르는, 이런 역할을 수행하면서 우월함을 느끼는 고전적 지식인 개념을 폐기 처분하고 새로운 지식인 개념을 도입하게 된다. 이 새로운 개념의 특징은 어디에 있는가? 고전적 지식인과 새로운 지식인은 어떤 면에서 다른가?

이런 질문에 답을 하기 위해 여기에서는 먼저 사르트르와 마오주의자들과의 관계를 먼저 살펴보고자 한다. 실제로 68혁명 당시 마오주의자들은 그다지 큰 역할을 하지 못했다. PCF와 마찬가지로 마오주의자들도 이 혁명의 주도 세력인 학생들의 능력을 과소평가했다. 그들이 조직이나 자금 동원 면에서 아마추어에 가까운 학생들이 주도하는 혁명에 동참하는 것을 꺼렸기 때문이다.

물론 마오주의자들은 혁명이 진행되면서 참여를 시작하게 된다. 하지만 그들의 활동은 오히려 이 혁명 이후에 더 활발

---

117 사르트르의 이런 생각과 그람시에 의해 규정된 유기적 지식인 양성의 어려움 내지 불가능성이 무관하지 않은 것으로 보인다. 그러니까 피지배계급은 자기 계급을 대변하는 지식인을 양성하고 배출하는 것이 어렵고 또 불가능하다는 것이다.

해진다. PCF에 비해 그 규모 면에서 비교도 안 될 만큼 작았지만, 마오주의자들은 과격한 활동으로 68혁명 이후 프랑스 좌파 세력을 주도하는 세력으로 급부상하게 된다.[118]

그렇다면 68혁명 이후, 프랑스 젊은이들이 중국이라는 제3세계 국가에서 발원한 마오주의 ―제3세계로부터 제2세계로의 '혁명의 수출'이라고 할 수 있다― 에 흠뻑 빠진 것은 어떤 이유에서일까? 여기에서는 세 가지 이유를 간략하게 살펴보고자 한다. 스탈린 사후 소련 공산당이 채택한 수정주의 노선에 대한 거부, 조직원들의 자발적 참여와 조직의 자율적 운명, 식민주의 타파와 사회주의 혁명을 동시에 성공시킨 것으로 보이는 신화 등이 그것이다.

먼저 소련 공산당의 수정주의 노선에 대한 거부를 보자.

---

118 일반적으로 프랑스에서 '마오주의자들'의 이미지는 부정적이다. "중국의 문화혁명이 낳은 비극적인 현실을 모르고, 권력을 장악하기 위한 마오쩌둥의 정치적 음모에 이용된 중산층 이상의 집안 출신들로 고등사범학교까지 입학한 어리석은 엘리트 청년들이라는 클리셰를 떠올린다. 유토피아적 환상에 취해, 독재자이며 대량 학살자인 마오쩌둥을 찬양하기에 급급했던 어리석은 자들이라는 마오주의자들에게 부여된 클리셰는 68운동을 폄훼하고 조롱하는 근거로 빈번하게 활용되었다."(문종현, 「68운동과 마오주의: 프랑스 마오주의 운동의 기원」, 『프랑스사연구』, 39, 2018, 35쪽.)

방금 PCF가 68혁명에서 적극적이지 않았다고 했다. PCF는 학생들과의 연합을 내켜 하지 않았다. PCF는 그 당시 그들의 소요 사태로 국정 운영에 큰 어려움을 겪고 있던 정부와의 타협에서 노동자들의 몇몇 사소한 요구를 들어준다는 조건에 만족하게 된다.[119] 마오주의자들은 혁명에 미온적이고 눈앞의 작은 이익에 집착하는 이런 PCF의 태도에 크게 실망하고 만다.

실제로 PCF는 소련 공산당의 지령하에서 움직였다. 그런데 68혁명을 전후한 소련의 상황도 그다지 좋은 것은 아니었다. 정통 마르크스-레닌주의를 신봉했던 스탈린 사후, 흐루쇼프의 집권과 더불어 소련 공산당은 수정주의 노선을 선택한다.[120] 그런데 그 당시 고등사범학교에서 학생들을 지도하던 알튀세르의 비호하에 세력을 확장해 가던 마오주의자들('청년공산주의자동맹UJC-ml: Union des jeunesses communistes(marxistes-

---

119 1968년 5월 25-26일에 조인된 그르넬 협정(Les Accords de Grenelle)이 그 대표적 예이다. 노동자들의 최저임금 상승, 약간의 노동 조건의 개선 등이 논의되고 합의되었을 뿐이다.

120 Jean-Paul Sartre, *Situations, X, op. cit.*, p.38.

léninistes)')[121]은 이런 소련 공산당의 수정주의 노선을 비판하고, 이를 그대로 수용하고 있는 PCF도 비판한다.

특히 68혁명 당시 정부와 쉽게 타협했던 PCF의 행동을 배신에 가까운 것으로 여겼다. 그러면서 마오주의자들은 정통 마르크스-레닌주의로의 회귀를 열망함과 동시에 당시의 정세에 맞는 이론 정립을 희망했다. 이런 상황에서 그들이 1966년 이후 문화혁명Révolution culturelle의 와중에 있던 중국에서 큰 관심의 대상이 되었던 마오주의로 눈을 돌린 것은 어쩌면 자연스러운 결과로 보인다.[122]

흔히 프랑스 마오주의자들은 '마오스퐁텍스Mao-spontex; Maoïstes spontanéistes'로 지칭된다. 여기서 'spontex'는 '자발적'을 의미하는 'spontanéiste'와 밀접하다. 그들은 중국 문화혁명 당시 자발적으로 홍위병Gardes rouges에 가담해 인민의 적을 비판

---

121 68혁명 이전에 프랑스에는 두 개의 대표적인 조직이 있었는데, 하나는 UJC-ml 이었고, 다른 하나는 '프랑스 마르크스레닌주의 공산당(PCMLF: Parti communiste marxiste-léniniste de France')이었다.

122 Jean Bourgault, "Sartre et le maoïsme", in *Sartre et le marxisme,* (sous la direction d'Emmanuel Barot), La Dispute, 2011, p.92.

하고 소탕하는 데 앞장섰던 청년들을 모델로 삼고 있다. 프랑스 마오주의자들이 소련 공산당과 PCF에 가한 비판 중 하나는 당의 경색화와 교조화이다. 당 내부에 위계질서가 고착되고, 그로 인한 관료화는 당의 경색화와 교조화를 야기한다는 것이다. 마오주의자들은 마치 동맥경화에 걸린 것과 같은 이런 당을 비판하고, 그 대신 홍위병처럼 당에 자발적으로 참여하는 방식, 당 내부의 위계질서 철폐, 원활한 소통 등을 추구한다. 한마디로 당의 자율적 조직auto-organisation과 자율적 운영auto-gestion을 추구한 것이다.[123]

마지막으로 마오주의의 신화적 요소이다. 국공합작 이후 마오는 '대장정La Longue Marche' 끝에 1964년 중국 공산당 정부를 세우는 데 성공한다. 이런 성공은 그때까지 서구 열강의 지배로 인한 상처를 완전히 회복하지 못한 채 제3세계[124]의 일원으로 여겨지던 중국의 가능성을 보여 주는 일대 사건으로

---

123 Cf. Jean-Pierre Barou, *Sartre, le temps des révoltes*, Stock, 2006, p.19.
124 앞에서 언급한 것처럼 1968년을 전후에 전 세계에서 발생한 제3세계 해방 운동 흐름의 기저에는 베트남 사태가 놓여 있다는 것을 지적하자. 또한 프랑스에서는 알제리 독립 문제가 중요한 이슈였다는 점 역시 지적하자.

해석되었다. 더군다나 이런 성공에는 또 다른 의의가 수반되었다. 마오의 성공이 공산주의 이론을 바탕으로 한 사회주의 혁명의 완수라는 의의가 그것이다.

이와 관련해 1960년대로 접어들면서 2차 세계대전 이후 독립을 쟁취한 아시아, 아프리카의 여러 국가가 제3세계 블록을 형성하면서 미국과 소련의 견제 세력으로 등장했다는 사실을 지적해야 할 것이다. 1955년 반둥회의Bandung Conference[125] 이후로 이런 경향은 더 강해졌으며, 특히 중국이 그 중심에 있었다. 게다가 프랑스에서도 중국에 대한 관심이 커져 갔다.

예컨대 사르트르와 보부아르도 이런 시류에 편승해 1950년대 중반 중국을 방문한 적이 있고, 보부아르는 1957년에 『대장정*La Longue Marche*』이라는 제목의 여행기를 출간하기도 한다. 이런 분위기에 편승해 1960년대를 거치면서 프랑스에서 중국에 대한 관심이 커졌고, 68혁명 이후에 마오주의가 젊은이들을 매혹한 주요 원인으로 작용한 것으로 보인다.

125　1955년 4월 18일부터 4월 24일까지 아시아와 아프리카의 29개 독립국 대표들이 인도네시아의 반둥에 모여 양 대륙과 세계의 현안을 논의한 국제회의이다.

그렇다면 사르트르와 프랑스 마오주의자들의 관계는 언제, 어떻게 이루어졌는가? 먼저 마오주의자들이 그의 도움을 필요로 했다는 점을 지적하자. 68혁명 이후에도 그의 사회, 정치 참여는 활발했다. 특히 이 혁명에 가담해 구금된 학생들과 노동자들을 대변하고, 재판에서 그들을 위해 증언을 하는 등의 활동이 그것이다. 물론 그는 그 와중에도 플로베르에 대한 연구를 계속 수행한다. 미완의 상태로 출간된 이 연구는 2,500여 쪽에 해당하는 대작이다. "집안의 천치"라는 제목으로 출간된 이 연구에서 파리코뮌Paris Commune에 참여하지 않으면서 자기와는 정반대의 입장에 있었던 플로베르에 대해 연구를 수행했다. 그러면서 사르트르는 문학을 절대로 여겼던 과거로 돌아가고자 했다.

어쨌든 68혁명 이후에 프랑스 정부는 사회질서 문란을 이유로 극좌파 단체들에 대한 탄압을 강화한다. 마오주의자들은 전열을 정비해 1968년 10월 "가장 과격한la plus radicale"[126] '프

---

126 Richard Wolin, "Le moment maoïste parfait de Sartre", *L'Homme & la Société*, L'Harmattan, 2013, nº 187-188, p. 269.

롤레타리아 좌파GP: Gauche Prolétarienne'를 조직한다. 이 조직은 테러나 폭력 사용을 마다하지 않았으며, 그런 만큼 탄압의 주요 대상이었다. 마오주의자들은 자신들의 입장을 대중에게 알리고 선전하기 위해 이미 1968년 5월 1일『인민의 대의La Cause du peuple』라는 일종의 기관지를 창간했다. 혁명 전에 비해 발행 부수가 늘어난 이 신문은 불법으로 간행되었고, 따라서 신문은 압수되었고 또 편집자들[127]이 계속 경찰에 체포되는 사태가 발생했다.

이때 GP 지도부가 사르트르를 찾았다. 1970년의 일이다. 그에게 『인민의 대의』의 편집장을 맡아 줄 것을 부탁한다.[128] 그들은 그의 명성에 기대어 신문을 지키고자 했다.[129] 68혁명 때의 경험을 되살리면서 사르트르가 자신들의 활동에 일종의

---

127 당텍(Jean-Pierre Le Dantec), 르 브리(Michel Le Bris) 등이다.

128 Cf. 사르트르와 좌파에 속한 자들이 자신들의 견해를 대중들에게 정확하게 전달하고자 하는 노력은 1973년에 프랑스 좌파 일간지 『리베라시옹(Libération)』의 창간으로 구체화된다. 그 과정에 대해서는 다음을 참고하라. Bernard Lallement, "LIBÉ". L'Œuvre impossible de Sartre, Albin Michel, 2004.

129 Jean Bourgault, "Sartre et le maoïsme", in Sartre et le marxisme, op. cit., p.81.

"방패bouclier"[130]가 되어 주길 바란 것이다. 그들은 그를 "지식인"으로서가 아니라 아직 써먹을 만한 "거물monument"[131]로 여겼던 셈이다. 처음에 그들은 큰 기대를 하지 않았다. 그도 그럴 것이 그의 나이 벌써 65세였고, 사상 면에서 마오주의자들은 그를 의심하고 경계했기 때문이다. 또한 그 당시 그는 플로베르 연구에 완전히 몰두한 상태였다.

하지만 GP 지도부의 예상과는 달리 사르트르는 그들의 제안을 흔쾌히 받아들인다. 그들의 혁명적 목표에 대한 전폭적인 지지를 약속하는 한편, 실제로 이 신문에 몇 차례에 걸쳐 기사를 싣기도 한다. 이 신문 판매와 관련해 다음과 같은 일화는 유명하다. 사르트르는 법에 의해 판매가 금지된 이 신문을 직접 길거리에서 판매하다가 경찰에 연행된 적이 있다. 그때 드골은 "볼테르는 체포하는 것이 아니다On n'arrête pas Voltaire!"라는 그 유명한 말을 하면서 사르트르를 석방했다.

어쨌든 사르트르와 마오주의자들의 관계에서 한 가지 흥

<hr>

130 Richard Wolin, *op. cit.*, p.275.
131 Denis Berthlot, *op. cit.*, p.516.

미로운 점은, 그가 자신의 역할에 일정한 한계를 부여하고 있다는 점이다. 처음에 그는 『인민의 대의』가 표방하는 모든 행동을 지지한다고 했다. 하지만 곧바로 이 신문에 게재되는 모든 기사를 지지한다고 입장을 수정했다.[132] 이것은 사르트르 자신이 마오주의자들의 입장을 지지하지만 어느 정도 거리를 두고 있다는 것을 보여 준다. 실제로 그는 "나는 마오주의자가 아니다"[133]라고 선언하기도 했다.

이 단계에서 한 가지 의문이 제기된다. 사르트르가 왜 마오주의자들과 함께하기로 했을까라는 의문이 그것이다. 여러 가지 이유가 있을 것이다. 여기에서는 세 가지 이유를 제시하는 것으로 그치고자 한다. 사르트르 자신이 어린 시절에 겪었던 소외와 배제의 극복, 젊은 시절에 가졌던 사회 변혁에의 꿈, 자신의 삶과 철학을 관통하는 '실존' 개념에 대한 일관성과 충실성이 그것이다.

---

132 Hervé Hamon & Patrick Rotman, *Génération, 2. Les années du poudre*, Seuil, 1998, p.169.

133 Michèle Manceaux, *Les Maos en France*, Gallimard, 1972, p.7.

먼저 사르트르의 어린 시절의 소외와 배제의 극복이다. 1964년 출간된 『말』에서 풀루Poulou —사르트르의 어린 시절의 애칭— 는 집안의 귀여움을 독차지한다. 일찍 아버지를 여의고 외조부모와 같이 살게 된 풀루는 자기를 자신의 존재 정당화를 위해 주인의 '환심을 사기plaire' 위해 온갖 아양을 다 떠는 '개'로 비유한다. "나는 전도유망한 강아지였다."[134] 하지만 집에서의 이런 유희는 그가 더 커서 진짜 친구들을 만나면서부터 효과를 전혀 발휘하지 못한다. 이와 관련해 그가 친구들 사이에서 겪었던 하나의 일화는 흥미롭다. 어느 날, 풀루는 어머니와 함께 파리의 뤽상부르Luxembourg 공원에 갔다. 거기에서 풀루는 다른 아이들과 어울리지 못하고 따로 떨어져 있었다. 이때 어머니는 죽은 사람의 역할이라도 좋으니 애들에게 가서 끼워 달라 부탁하라고 풀루에게 말한다.[135]

이 사건은 사르트르에게 계속 트라우마로 작용한다. 물론 풀루는 저녁에 집으로 돌아와 상상력에 의지해 자기를 배제

134　LM, p.15.
135　*Ibid.*, pp.73-74.

한 아이들을 벌한다. 하지만 그에게서 "적재적소the right man in the right place"[136]의 욕망은 끝이 없다. 어쩌면 마오주의자들과의 관계에서 사르트르는 세대 차이에도 불구하고 그들과 우리가 되는 기분, 곧 그들과 '동지'가 되어 하나가 되는 기분을 느끼면서[137] 어린 시절의 소외와 배제를 극복하려 했다고도 할 수 있을 것 같다. 앞에서 언급한 것과 같이 우리, 하나 됨 등은 사르트르가 가장 중요하게 생각하는 나, 너, 그 사이의 경계 부재, 모두가 주체성과 자유를 유지하는 상태, 완벽한 상호성의 정립 등과 밀접하게 관련이 있는 융화집단의 다른 이름이라는 사실을 상기하자.

그다음으로 젊은 시절의 사회 변혁에 대한 꿈이다. 이와 관련해 한 연구자가 제시하고 있는 지식인의 "십계명décalogue"은 흥미롭다. 1) 젊은 시절에 품은 생각에 충실하기. 2) 조직에 가담하지 않기. 3) 분석을 이용하기. 4) 여유를 가지고 생

---

136 *Ibid.*, p.121.

137 Jean-François Gaudeaux, *Sartre, l'aventure de l'engagement*, L'Harmattan, coll. Ouverture philosophique, 2006, pp.375, 381.

192

각하기. 5) 분명하게 의견을 개진하기. 6) 자기 자신을 문제 삼기. 7) 지구적 가치를 추구하는 방향으로 나아가기. 8) 생각 과 행동을 일치시키기. 9) 자기에게 영향을 미치기. 10) 세계 에 가담하기[138]이다. 이 십계명 중에서 사르트르와 관련해 관 심을 끄는 것은 1, 6, 9 계명이다.

사르트르가 어린 시절부터 작가의 꿈을 키웠다는 점은 잘 알려져 있다. 그는 젊은 시절부터 '사회 변혁'의 꿈도 키워 왔 다. 그런데 그는 사회를 점진적으로 변화시키는 것이 아니라 급격하게 변화시키는 꿈, 곧 점진적인 사회개조가 아니라 '혁 명'의 꿈을 키워 왔다. "사회는 전체적으로, 단번에, 격렬한 변 화에 의해서만 바뀔 수 있다."[139] 이런 꿈은 후일 "확신"으로 바뀐다. "나는 하나의 확신을 가지고 있다. 과격한 정치를 해 야 한다는 것이다."[140] 사르트르가 68혁명에 적극적으로 가담 한 것은 물론, 그 이후에도 계속 과격한 마오주의자들과 함께

138 Paul Desalmond, *Sartre s'est-il toujours trompé?*, La passe du vent, 2005, p.63.
139 Simone de Beauvoir, *La Force de l'âge*, Gallimard, coll. Folio, 1960, p.37.
140 Jean-Paul Sartre, *Situations, X, op. cit.*, p.218.

활동한 것은 그의 젊은 시절의 꿈에 충실하기 위함이었을 수
도 있다.[141]

이런 태도는 또한 위의 십계명 중에서 자기 자신을 문제
삼기와 자기에게 영향을 미치기와도 무관하지 않아 보인다.
실제로 사르트르는 자기를 문제 삼는 태도를 끝내 버리지 않
았다. 이는 자기를 어떤 틀에 가두어 고정시키는 것에 대한
극도의 거부 정신이다. 앞에서 그가 노벨문학상 수상을 거절
했다는 사실을 지적한 바 있다. 그는 프랑스 대학교수들의 가
장 커다란 명예라고 할 수 있는 콜레주 드 프랑스Collège de France
교수직도 사양했다. 심지어는 레지옹도뇌르Légion d'honneur 훈
장도 거절했다. 이와 같은 그의 일관된 태도는 분명 그 자신
을 어떤 틀이나 제도 또는 이미지 안에 가두고 고정시키는 것
에 대한 거의 광적인 거부이다.

이와 관련해 사르트르에게서 큰 비중을 차지하고 있는 실

---

141 Cf. 사르트르는 마오주의자들에게서 일종의 혁명적 전투의 부활을 보고 자신의
젊은 시절의 급진적 정치에 대한 꿈을 회상하고 또 재학습했을 수도 있다. 이 점
에 대해서는 다음을 참고하라. Ian H. Birchall, *Sartre et l'extrême gauche française.
Cinquante ans de relations tumultueuses,* La Fabrique, 2004, p.331.

존 개념에 주목해 볼 필요가 있다. 이 단어는 원래 '-로부터 벗어나다'의 의미를 가진 접두어 'ex-'와 '-에 있다'의 의미를 가진 'sistere'의 합성어이다. 실존은 이렇듯 "있는 곳으로부터 벗어나기"라는 의미를 가지고 있다. "그곳으로부터 움직이라 Bouge de là!"라는 의미인 것이다. 미래를 향해 자기 자신을 기투하면서, 자기 자신을 창조해 나가면서, 자기 자신을 선택해 나가면서 인간은 주체적으로 자신의 실존을 이끌어 나가는 것이다. 이것이 사르트르가 원했던 삶이고, 그것도 진정한 삶인 것이다.[142]

또한 이런 의미를 가진 실존은 의식의 지향성intentionnalité 개념과도 무관하지 않다. 사르트르에게서 의식은 항상 무엇인가에 대한 의식이어야 한다. 의식은 언제, 어떤 상황에서도

---

142 이와 관련해 한때 사르트르의 개인 비서였던 코의 다음과 같은 회상은 흥미롭다. "한창나이일 때 그의 내부에는 황소가 들어 있었다. 아니, 건장한 수소가 들어 있었다. 그는 걷지 않는다. 쩍 벌어진 어깨, 넓은 가슴을 앞으로 내밀고 간다. 하지만 거기에는 춤을 추는 동작과 같은 동작이 있다. 그가 걷는 모습은 몸을 앞으로 숙임의 연속이다. 하지만 끈을 매고 푸는 시간을 들이지 않기 위해 항상 신고 다니는 구두 속의 작은 발로 아주 가벼운 동작으로 춤추듯 앞으로 나아간다."(Jean Cau, *Croquis de mémoire*, Julliard, 1985, p.229.)

지향성을 발휘해야 한다. 그렇지 않으면 의식은 의식이 아닐 것이다. 의식의 지향성은 오로지 인간의 죽음에 의해서만 멈출 수 있는 것이다. 인간이 죽게 되면 그는 주검, 즉 하나의 사물 이상도 이하도 아닌 존재로 변하게 된다. 사르트르에게서 죽음은 자기 변화의 가능성이 완전히 사라진 상태로 규정된다. 그런 만큼 그는 살아 있는 동안에 자기에게 끊임없이 의문을 제기하고 이의를 제기하면서 사물과도 같은 존재로 굳어 버리는 것을 끊임없이 경계했던 것이다.

사르트르가 말년에 손자뻘 되는 마오주의자들 —사르트르는 1905년에 태어났고, 프랑스의 주요 마오주의자들은 1938년에서 1945년 사이에 태어났다— 과의 관계에서 추구했던 것이 이런 자기에 대한 이의제기, 자기 변화, 실존에의 의지가 아닌가 한다. 이렇듯 사르트르의 경우에는 위의 십계명 중 세 계에 가담하기, 곧 참여를 실천하면서 자신의 사상과 행동의 일치(위의 십계명 중 생각과 행동을 일치시키기)를 도모하면서 끝없는 자기 변화를 시도했던 것으로 보인다.

이것이 거칠게 보아 사르트르 —그는 마오주의자들의 눈에는 "공격적이지 않고 이미 늙은 할아버지Un papy inoffensif et dépassé"[143]에 불과했다— 와 프랑스의 젊은 마오주의자들이 우호적인 관계를 유지할 수 있었던 주요 요인 중 하나라고 할 수 있다. "마오주의자들은 그들의 요구로 나를 젊게 해 주었네."[144] "난, 내가 자네들에게 유용한 경우에만 존재할 뿐이네. 이건 당연하네. 완전히 동의하네."[145]

사르트르는 이처럼 68혁명 이후에 마오주의자들과의 함께 활발하게 활동하면서 자신의 지식인관에 작지 않은 변화를 겪게 된다. 변화의 내용을 보자.[146] 앞에서 『지식인을 위한

---

143 Sébastien Repaire, *Sartre et Benny Lévy: Une amitié intellectuelle, du maoïsme triomphant au crépuscule de la révolution*, L'Harmattan, coll. Questions contemporaines, 2013, p.69.

144 Philippe Gavi, Jean-Paul Sartre, Pierre Victor, *On a raison de se révolter*, Gallimard, coll. La France sauvage, 1974, p.74.(이 책은 『리베라시옹』지 창간을 위한 재원 마련을 위해 기획된 사르트르와 마오주의자들 사이의 대담집이다. 이 책의 제목은 문화혁명의 슬로건 중 하나인 '조반유리(造反有理)'라는 의미를 가지고 있다.) 사르트르가 젊음과 젊은이들에 대해 부여하고 있는 의미에 대해서는 다음을 참고하라. Jean Bourgault, "Sartre et le maoïsme", in *Sartre et le marxisme, op. cit.*, p.82.

145 Philippe Gavi, Jean-Paul Sartre, Pierre Victor, *op. cit.*, p.77.

146 물론 이런 변화는 일방적이지 않다. 마오주의자들도 사르트르와 관계를 맺으면서 어느 정도 변화를 경험했다고 할 수 있다. 예컨대 그들은 자신들의 주장과 입지를 방어하고 강화하기 위해 사르트르와 같은 고전적 지식인과 타협했다고도 할 수 있다. 이에 대해서는 다음을 참고하라. Sébastien Repaire, *op. cit.*, p.69.

변명』에서 제시된 고전적 지식인이 자기비판을 계속하고 하향 탈계급화를 시도하면서 프롤레타리아계급을 돕고 리드하면서 어느 정도 우월감을 느끼는 것이 용인된다는 사실을 지적한 바 있다. 하지만 68혁명 이후에 사르트르는 마오주의자들과의 교류를 통해 고전적 지식인에게서 발견되는 이런 우월감을 자기기만의 발로로 여기게 되고, 결국 그것을 완전히 일소하고자 한다.

프티부르주아계급 출신인 고전적 지식인은 부르주아계급과 프롤레타리아 계급 사이에서 불행한 의식을 느낀 채 하향 탈계급화를 시도하면서 마음속으로는 자기의 역할을 충실히 수행하고 있다고 생각할 수 있다. 하지만 마오주의자들과 협력하면서 사르트르는 이런 지식인 개념을 폐기 처분하고 새로운 지식인 개념을 제시하기에 이른다.

사르트르에 의하면 이제 지식인은 프롤레타리아계급에 속하는 자들 —'인민peuple'이라고 하자— 앞에서 지도, 교육, 계몽하는 것이 아니라, 그들 속으로 직접 뛰어들어야 한다. 고전적 지식인은 그들과 함께하는 것으로 만족하고 마는데, 새로운 지식은 그들 속으로 들어가 그들의 언어를 익히고, 그들과 똑같은 생활을 해야 한다는 것이다. 한마디로 인민의 친구가 되어야 하는 것이다.

프랑스어에서 이런 위치에 있는 지식인을 가리키는 용어가 있다. "학출 노동자^{établi}"가 그것이다. 이 용어는 원래 '학생'이 공장으로 들어가 '노동자'와 함께 먹고, 자고, 일하고 생활하면서 완전한 일체가 된다 —이것을 가리키는 프랑스어 단어가 's'établir'이다[147]— 는 의미를 가지고 있다. 이렇게 해서 사르트르는 마오주의자들과의 관계에서 새로운 지식인 개념을 정립하게 된다. 어쩌면 사르트르는 그들과의 협력을 통해 "지식인의 소멸"을 겨냥했다고도 할 수 있을 것 같다.[148]

사르트르의 이런 지식인 개념의 변화와 관련해 68혁명이 진행되는 동안에 학생들과의 유대를 경험한 한 노동자의 다음과 같은 증언은 많은 것을 시사해 준다고 하겠다. 이 증언을 들어 보자.

---

147 Jean-Pierre Barou, *op. cit.*, p.19.
148 Jean-Paul Sartre, "L'ami du peuple", SVIII, p.467.

우리와 그들[학생들]의 관계는 매우 우호적이었지만 그들의 주장은 명료하지 않았다. 우리가 그런 사람들을 만난 것이 처음이었다는 사실을 고려해야 한다. 우리는 그들이 말하는 방식에 익숙하지 않았고 우리가 보기에 그들은 낯선 세계에서 온 이상한 동물 같았다.[149]

위의 인용문을 통해 두 가지 사실을 내다볼 수 있다. 하나는 68혁명 당시 학생들과 노동자들 사이의 목표와 이해관계가 현저하게 달랐다는 사실이다. 다른 하나는 노동자들이 학생들, 그것도 자신들이 지식인임을 자처하는 학생들의 하향 탈계급을 불신한다는 사실이다. 노동자들은 프티부르주아계급 출신 학생들-지식인들이 마치 신발끈을 매면서 허리를 굽혀 자신들을 내려다보는 듯한 행동을 결코 원치 않는다. 이것은 지배계급에 속하는 자들이 지식인들에 대해 자신들을 배반하지 않을까 하는 의심의 눈초리를 보내는 것과 정반대되

---

149 Lucien Rioux & René Backmann, *L'Explosion de Mai*, 1968, p.281.(크리스 허먼, 『세계를 뒤흔든 1968』, 책갈피, 이수현 옮김, 2004, 155쪽에서 재인용했다.)

는 것이다. 어쨌든 학생들-지식인들이 노동자들과 연대를 도모하면서 68혁명을 주도했음에도 불구하고, 그들 사이에는 서로를 믿지 못하는 불신, 특히 노동자들 측에서 발견되는 불신이 늘 있었다는 것은 분명해 보인다.

그렇다면 이런 불신의 본질은 무엇인가? 바로 학생들-지식인들의 자기기만이라는 것이 사르트르의 주장이다. TSP에서 지식인으로 탈바꿈한 사람은 대략 다음과 같은 생각을 하게 된다. 1) TSP인 '나'는 지배계급과 피지배계급 사이에서 불행한 의식을 느낀다. 2) 이런 면에서 나는 불행한 의식을 느끼지 못하는 다른 TSP들보다 도덕적으로 우월하다. 3) 나는 불행한 의식을 느낀 후에 상향 탈계급이 아니라 하향 탈계급을 시도한다. 4) 피지배계급에 속한 자들로부터 나를 불신하는 시선이 있는 것은 사실이지만, 그래도 나는 집 지키는 개들에 비해 도덕적으로 우월하고, 따라서 떳떳하다. 5) 게다가 나는 전문지식과 기술, 그리고 비판 정신으로 사회의 여러 문제점을 꿰뚫어 보지 못하는 피지배계급에 속하는 자들을 도울 수도 있고, 또 그들을 리드할 수 있다.

학생들-지식인들의 머릿속에 똬리를 틀고 있는 이런 일

련의 생각이 그들의 자기기만의 소산이라는 것, 사르트르는 68혁명을 거치는 과정에서 정확히 이 사실을 깨달았던 것으로 보인다. 그러니까 지식인, 좀 더 정확히 말하자면 고전적 지식인은 자신의 전문지식과 기술이 갖는 보편성과 그리고 이 지식과 기술이 봉사하는 지배계급의 특수성 사이에서 모순과 불행한 의식을 느끼는 데 만족한다.

그 반면에 68혁명을 거치면서 새로이 나타난 지식인('새로운 지식인'이다)은 이런 모순과 불행한 의식을 넘어서서 피지배계급에 속하는 자들 속으로 직접 뛰어들어 그들의 동반자가 되어야 한다는 것이 사르트르의 주장이다. 그러니까 새로운 지식인은 단지 "프롤레타리아트에게 '말하는''parler' au prolétariat"[150] 사람이 아니라 그들과 하나가 되어 일거수일투족을 항상 같이해야 한다는 것이다. 그렇게 함으로써 지식인은 그들과의 관계에서의 불행한 의식, 자기기만 등을 일소하고 "편안한 의식bonne conscience"[151]을 가질 수 있게 된다는 것이다.

---

150 Jean-Paul Sartre, "L'ami du peuple", SVIII, p.19.
151 *Ibid.*, p.15.

이런 지식인관의 변화와 관련해 사르트르는 이렇게 말하고
있다.

이런 이유로, 만일 지식인이 민중을 선택한다면, 그는
서명, 시위, 저항을 위한 조용한 모임, '개혁적' 신문에
게재되는 기사들의 시대는 끝났다는 것을 알아야 합니
다.[152]

1950년의 고전적 지식인은 수학이 완전히 보편적 지식
이라고 믿었던 사람입니다. 그는 수학을 배우고 그것을
적용하는 방법이 보편적일 수 있지만, 그것을 배우는 방
식 자체가 이미 특수라는 것을 알지 못했습니다.[153]

152　Jean-Paul Sartre, "Justice et Etat", *Situations, X*, *op. cit.*, p.55.
153　"L'ami du peuple", SVIII, *Ibid.*, pp. 15-16.

사르트르는 『문학이란 무엇인가』에서 이렇게 말하고 있
다. "바나나를 갓 땄을 때 맛이 가장 좋은 것처럼, 정신의 산물
은 즉석에서 소비되어야 한다."[154] 여기에서 "정신의 산물"은
문학작품을 의미한다. 하지만 『지식인을 위한 변명』도 넓게
보면 정신의 산물에 포함된다고 할 수 있다. 이런 이유로 『지
식인을 위한 변명』 역시 그 주요 내용을 이루는 세 차례의 강
연이 행해졌던 1966년을 전후한 상황 속에서 자리 잡고 읽는
다면 그 의미를 더 분명하고 더 생생하게 이해할 수 있을 것

154　Jean-Paul Sartre, *Situations, II, op. cit.*, pp.122-123.

이다.

　하지만 이미 언급했듯이 『지식인을 위한 변명』은 지금으로부터 60여 년 전에 출간되었다. 그동안 지식인은 물론 인류를 둘러싼 생활 환경에 미증유의 변화가 일어났다. 과학 기술의 발달과 통신 장비의 발달로 인한 정보화, 세계화… 등등. 이런 변화로 인해 『지식인을 위한 변명』에서 제시된 사르트르의 지식인 담론이 지금의 상황에는 잘 들어맞지 않을 수도 있을 것이다. 다시 말해 그의 지식인 담론이 낡고 퇴색해 전부는 아니라고 해도 부분적으로는 그 의의가 퇴색했을 가능성도 있다.

　이런 가능성은 『지식인을 위한 변명』의 내용이 마르크스의 계급 이론에 바탕을 두고 제시되는 만큼 더 커질 수도 있다. 실제로 사르트르가 지식인에 대한 정의, 지식인의 기능 규정, 작가와 지식인의 관계 설정 등을 모두 부르주아계급, 프티부르주아계급, 프롤레타리아계급으로 구분된 도식 위에서 개진하고 있다는 것은 부인할 수 없다. 사르트르가 1960년 출간된 『변증법적 이성 비판』에서 마르크스주의를 뛰어넘을 수 없는 철학으로 규정했다는 사실을 상기하자. 하지만 지금 마

르크스주의에 입각한 계급 이론 또한 여러 학문 분야에서 과
거만큼 큰 위력을 발휘하고 있지 못하고 있다.

물론 마르크스주의는 여전히 인간, 사회, 역사를 이해하기
위한 강력한 이론 중 하나임에 틀림없다. 하지만 새로운 밀레
니엄으로 접어들어 사반세기를 지나고 있는 지금, 마르크스
주의에 입각해 제시되는 계급 이론에서 중요한 위치를 차지
하는 계급투쟁, 계급 없는 사회 건설, 인간의 삶의 조건 개선
과 해방을 목표로 하는 몰적 혁명^{révolution molaire} 또는 거시혁명
^{macro-révolution} 등에 대한 논의는 그다지 큰 호응을 얻지 못하
고 있다. 그보다는 오히려 '다수 집단^{majorité}', '소수 집단^{minorité}'
등과 같은 개념, 후자와 밀접한 분자혁명^{révolution moléculaire} 또
는 미시혁명^{micro-révolution} 등을 제시하는 담론이 더 큰 각광을
받고 있다.

더군다나 1966년 『지식인을 위한 변명』에서 제시된 고전
적 지식인 개념은 불과 2년 후에 발발한 68혁명 후에 폐기 처
분되었고, 새로운 지식인 개념으로 대체되기도 했다. 이는
『지식인을 위한 변명』에서 전개된 사르트르의 지식인 담론의
유효성이 그 당시의 정세에 비춰 보았을 때조차도 그다지 오

래 지속되지 않았다는 것을 단적으로 보여 준다.

그럼에도 불구하고 사르트르가 『지식인을 위한 변명』에서 제시한 지식인 담론 중 최소한 다음과 같은 몇 가지는 지금도 여전히 유효하고, 또 앞으로도 그럴 것으로 보인다. 지식인에게 요구되는 부정하는 정신, 권력 및 권력 담지자들과 자기에 대한 비판적 태도, 사회 변혁을 위한 실천 의지, 지배계급의 TPS 양성 및 선발 제도에 배태된 문제점, 대학 교육의 비정상화 및 대학의 직업 학교화 등에 대한 예견 등이 그것이다.

먼저 부정하는 정신, 권력, 권력 담지자들과 자기에 대한 비판적 태도, 사회 변혁을 위한 실천 의지를 보자. 이는 비단 1960년대를 살았던 지식인뿐만 아니라 현재와 미래의 지식인을 포함해 모든 인간에게도 해당할 것이다. 앞에서 지적했듯이 인간의 실천에는 부정과 긍정의 계기가 포함되어 있다. 또한 사르트르 사상의 핵심 개념 중 하나인 실존도 부정하는 정신과 밀접하다. 이 개념에는 있는 곳으로부터의 벗어나기, 움직임, 탈주 등의 의미가 함축되어 있으며, 이는 미래를 향한 자기 기투, 자기 창조, 자기 성장에 반드시 수반되는 부정하는 행위의 또 다른 표현이라고 하겠다.

또한 실천의 수행 과정에서 현재 상황에 대한 정확한 이해와 판단은 필수적이다. 그런데 이런 상황에 대한 진단과 비판이 없다면, 또 이런 상황을 비판하는 이의 자기비판이 없다면, 실천의 수행에서 정확한 이해와 판단은 요원할 것이다. 어떤 편견에 사로잡힌 눈으로 상황을 바라보고 분석한다면, 그 상황을 제대로 이해하고 판단하는 것은 어려울 것이며, 나아가 이를 바탕으로 시도되는 현재의 수많은 문제 해결과 미래에 대한 준비와 대처는 미흡할 수밖에 없을 것이다.

특히 현재와 미래의 상황에 대한 이런 이해와 판단 속에는 현재와 미래의 권력 담지자들에 대한 비판도 반드시 포함되어야 할 것이다. 인간들의 삶의 무대가 한쪽으로 기울어지지 않은 적은 과거에도 없었고, 현재에도 없으며, 미래에도 없을 것이다. 이는 세상이 권력 담지자들과 그들의 통치하에 있는 자들로 나뉜다는 사실, 곧 억압, 폭력, 투쟁은 인류의 역사와 떼려야 뗄 수 없는 관계에 있다는 것과 동의어라고 할 수 있다.

그뿐만이 아니다. 권력은 지금, 여기에서도 점점 더 음험해지고, 점점 더 교활해지고 있으며, 자기 증식의 속도를 늦추지 않고 있다. 이런 상황에서 지식인의 권력에 대한 비판 기능은 어쩌면 사르트르가 『지식인을 위한 변명』을 출간한 시대보다도 훨씬 더 강하게 요구된다고 하겠다. 20세기 말부터 지식인의 죽음, 지식인의 종말, 지식인의 종언 ─리오타르,[155] 드브레[156] 등을 생각한다─ 등이 자주 운위되고 있음에도 불구하고, 권력과 그 담지자들에 대한 비판 ─푸코,[157] 사이드[158] 등을 생각한다─ 은 현재는 물론 앞으로도 지식인이 반드시 필요한 존재라는 사실과 이런 비판이 그의 가장 중요한 역할이라는 사실을 강하게 뒷받침해 준다고 할 수 있다.

게다가 권력과 그 담지자들뿐만 아니라 자기 자신에 대한 비판적 태도를 지닌 지식인의 필요성은 지식과 정보의 일반화, 보편화 현상이 그 어느 때보다도 두드러지고 있는 지금, 여기에서 더 크게 부각되고 있다고 하겠다. 방금 언급한 것처

---

155 Cf. 장-프랑수아 리오타르, 『지식인의 종언』, 이현복 엮고 옮김, 문예출판사, 1993.
156 Cf. 레지 드브레, 『지식인의 종말』, 강주헌 옮김, 예문, 2001.
157 Cf. 콜린 고든, 『권력과 지식: 미셸 푸코와의 대담』, 홍성민 옮김, 나남출판, 1997.
158 Cf. 에드워드 W. 사이드, 『권력과 지성인』, 전신욱·서봉섭 옮김, 창, 1996.

럼 과학 기술과 통신 장비의 발달로 인해 널리 보급된 정보망을 통해 과거에는 소수에 의해 독점되었던 지식과 정보가 수많은 사람에게 거의 무제한으로 공급되고 있다. 다시 말해 수많은 사람이 과거의 TSP 역할을 수행하고 있다고 해도 과언이 아니다. 만일 그들 중 대부분이 참된 지식인으로 탈바꿈한다면, 지식의 보편화라고 할 수 있는 현상이 나타날 것이다. 그로 인해 그들이 몸담고 있는 사회의 권력과 그 담지자들에 대한 합당한 비판이 제대로 이루어져 그 사회가 지금보다 더 나은 사회로 나아갈 수 있는 큰 동력을 확보할 수 있을 것이다.

하지만 TSP 역할을 하는 대부분의 사람이 TSP로 머물고 또 사이비 지식인이 되는 것으로 그친다면, 그들이 소속된 사회의 건강도 개선은 기대하기 어려울 것이다. 이런 상황에서 그들에게 요구되는 것은 결국 그들이 접하는 정보와 지식이 진짜인지 가짜인지, 사회에 유익한지 해로운지의 여부를 판별하는 능력의 배양일 것이다. 어쩌면 지금, 가장 필요한 지식인의 모습은 바로 그런 능력을 지니고 있는 모습이 아닐까 한다.

그렇다면 거의 무제한 공급되고 있는 정보와 지식의 옥석을 가릴 수 있는 능력을 지니기 위해서는 무엇을 어떻게 해야 할까? 이 질문에 대한 답이 바로 방금 지적한 부정하는 정신과 상황에 대한 비판적 태도, 권력과 권력 담지자들에 대한 비판적 태도, 자기 자신에 대한 비판적 태도가 아닌가 한다. 이런 점으로 미루어 보면 사르트르가 『지식인을 위한 변명』에서 전개한 그의 지식인 담론은 그 유효성을 여전히 간직하고 있는 것으로 보인다.

그다음으로 『지식인을 위한 변명』에서 제시된 지배계급의 주도하에 이루어지는 TSP의 개체수 조절과 대학 교육의 비정상화에 대한 사르트르의 예측 역시 관심을 끌기에 충분하다. 이는 단지 1960년대의 프랑스나 일본에 국한된 문제가 아니라, 지금 우리나라에서 겪고 있는 문제이기도 하다.

사르트르는 60여 년 전에 벌써 프랑스에서 지배계급이 이 계급의 이익을 증대하고 권력을 강화, 유지하기 위해 TSP의 개체수를 통제하고 조절한다는 사실에 주목했다. 또한 그 시기에 진리의 전승보다는 오히려 취업 목적의 직업 학교화에 집중하는 프랑스의 대학 풍토에 경종을 울리기도 했다. 그런데 그의 이런 예견은 지금 우리나라에서도 현실로 나타나고 있으며, 특히 의대 입학 정원 확대 문제는 최근 우리 사회의 중요한 이슈 중 하나가 되고 있다.

물론 국민의 건강, 생명과 긴밀하게 연결된 이 문제가 단순히 권력을 장악한 이들의 이익만을 위한 것은 아니라고 할 수도 있다. 하지만 이 문제와 관련된 제반 상황을 판단하고, 이 상황을 해결하기 위한 정책을 결정하고 시행하는 것은 모두 그들의 주도하에 이루어지고 있다는 것 역시 부인할 수 없다.

이와 관련해 특히 지배계급의 결정에 의해 미래 세대에 속하는 이들의 운명이 결정되고, 그들의 사회적 존재가 미리 결정된다는 사르트르의 지적은 탁월한 견해가 아닐 수 없다. 그도 그럴 것이 이런 지적은 60년이 지난 후인 지금 우리의 상황에도 그대로 적용되기 때문이다. 의대 정원의 확대에 따라 너도나도 의사가 되겠다고 나서는 상황에서 미래 세대의 운명과 삶이 결정되는 과정은 우리가 직접 목도하고 있는 실정이다.

또한 앞에서 지적했듯이 사르트르는 『지식인을 위한 변명』에서 대학이 진리를 전승하는 기능을 등한시하고 취업을 위한 직업 학교가 되어 가는 풍토에 대해서도 비판을 가한 바 있다. 이런 비판 역시 문학, 역사, 철학 등과 같은 기초 인문학 분야를 도외시하고 취직에 유리한 분야로의 쏠림 현상이 극명하게 나타나고 있는 우리의 현재 상황에도 그대로 적용된다고 할 수 있다. 이런 측면에서도 『지식인을 위한 변명』에서 전개된 사르트르의 지식인 담론의 유효성을 지적할 수 있을 것이다.

『지식인을 위한 변명』의 유효성과 관련해 한 가지 질문이 제기된다. "작가는 지식인인가"라는 제목의 세 번째 강연에서 전개된 작가-지식인론의 유효성에 관련된 질문이 그것이다. 이 질문은 아주 광범위하고, 또 그런 만큼 대단히 어려운 질문이라고 할 수 있다. 왜냐하면 1966년, 즉 『지식인을 위한 변명』이 출간되고 난 뒤로 60여 년 동안 문학의 흐름이 다양해졌기 때문이다. 그럼에도 불구하고 사르트르의 작가-지식인론은 지금도 그 유효성이 유지되고 있다고 생각한다. 그 증거로 최소한 작가의 변함없는 일상어 사용법을 꼽을 수 있을 것이다. 앞에서 지적한 것처럼, 작가는 일상어를 사용해 세계에서의 체험을 바탕으로 자신의 세계-내-존재를 문학 언어로 표현하면서 여전히 정보 전달보다는 비정보 전달에 더 많은 비중을 두게 된다는 것이 사르트르의 주장이었다. 그런데 이런 주장은 지금도 여전히 유효한 것으로 보인다.

사실, 1966년 이후의 작품들에서 장르의 구분 파괴, 다른 예술 분야와의 경계선 붕괴, 자전적 서사의 강화, 이미지의 강조 등이 두드러진다. 하지만 그 시기 이후부터 지금까지의 문학에서 발견되는 이 모든 특징이 여전히 일상어의 문학 언어화라는 과정을 바탕으로 이루어지고 있다는 것은 부인할 수 없다. 그런데 『지식인을 위한 변명』을 구성하는 세 번째 강연에서 중점적으로 다뤄진 작가-지식인론의 중핵이 바로 이 과정에 대한 상세한 설명이 아니었던가? 이는 그대로 사르트르의 작가-지식인론이 현재에도 여전히 유효할 수 있다는 것을 보증해 주는 유력한 증거 중 하나라고 할 수 있을 것 같다.[159]

159 여기에 더해 사르트르의 작가-지식인론에서 볼 수 있는 작가의 참여 대상을 '프롤레타리아계급'에서 '소수집단', 예컨대 성소수자 집단, 이주자 집단, 유색인종 집단 등으로 여기는 발상의 전환도 가능할 수 있다는 사실을 지적하자. 물론 사르트르는 "작가는 지식인인가"라는 제목의 강연을 통해 『문학이란 무엇인가』에서 제시한 이른바 '총체적 참여(engagement total)'로부터 한 발짝 물러난 듯하다. 그럼에도 불구하고 사르트르는 여전히 작가의 현실 참여 가능성을 부정하고 있지는 않다. 그런데 작가의 이런 참여는 총체적 참여가 아니라 이를테면 '부분적 참여'(정명환은 "의의를 통한 참여"라고 부른다)라고 할 수 있으며, 그 대상은 한 사회의 권력관계에서 배제되어 소수의 지위에 있는 다양한 소수집단이라고 할 수 있을

끝으로 사르트르가 지식인으로서, 참여 지식인으로서 살아생전에 저질렀던 '실수'에 대해 변명하면서 『지식인을 위한 변명』 읽기 작업에 마침표를 찍고자 한다. 사르트르는 살아 있는 동안 수많은 사건에 관여하면서 참여 지식인으로서의 그의 판단과 행동이 의심스러울 정도로 어처구니없는 실수를 범했다. 1950년 발발한 한국전쟁이 그 한 예이다. 이 전쟁에 대해 그는 처음에는 북침설을 주장했다가, 나중에는 북한이 이승만 정부의 꾀임에 속아 남침을 했다는 입장으로 선회했다. 또한 1954년 구소련을 방문하고 돌아와서 가진 기자회견에서 이 나라에서 비판의 자유가 완벽하게 보장되어 있다고 하는 실수를 저지르기도 했다. 비슷한 시기에 그는 "반공산주의는 개다"라는 극언을 하기도 했다.

앞에서 언급했듯이 사르트르는 『지식인을 위한 변명』에서

것 같다. 여기에서 우리는 사르트르의 참여문학론과 들뢰즈·과타리가 주창한 '소수문학론'을 염두에 두고 있으며, 이 두 문학론 사이의 친연성에 주목한다. 이런 친연성에 대해서는 다음을 참고하라. 변광배, 「'앙가주망'에서 '소수문학'으로: 사르트르, 들뢰즈·가타리의 문학사용법」, 『세계문학비교연구』, 56, 세계문학비교학회, 2016. 정확히 이런 점에서 사르트르가 『지식인을 위한 변명』에서 제시한 작가-지식인론의 유효성을 지적할 수 있을 것이다.

상황적 존재, 역사적 존재로서 지식인이 역사적 무지, 자기 지식의 한계 등으로 인해 실수를 저지를 가능성을 안고 있다는 점을 지적하고 있다. 위의 두 차례의 실수도 그런 이유에서 기인한 것으로 보인다. 한국전쟁의 경우, 그 당시 통신 장비가 발달하지 못한 상태에서 프랑스와 멀리 떨어져 있는 한국에서 발생한 전쟁에 대해 그가 정확한 정보를 가지는 것은 거의 불가능했을 것이다. 소련 방문의 경우, 그는 이미 소련 당국에서 마련한 일정에 따라 정해진 장소를 방문하고, 한정된 사람들을 만났을 뿐이고, 이를 토대로 그 나라에서 비판의 자유가 완벽하다고 평가했던 것이다.

하지만 이런 점들을 모두 감안한다고 해도 한국전쟁이 북침에 의해 일어났다는 그의 주장은 소련과 프랑스 공산당의 왜곡된 주장을 그대로 반복한 것에 불과하다. 물론 그는 초기의 입장을 수정하긴 했으나, 이를 통해 그의 실수를 완전히 불식하지는 못했다. 소련에서는 비판이 자유롭다는 그의 평가에 대해서도 같은 말을 할 수 있을 것이다. 주지하다시피 후일 소련이 헝가리와 체코를 무력으로 침공했을 때 그가 이 나라와 거리를 두게 된 것은 부인할 수 없다. 그렇다고 그가 소런에 완전히 등을 돌린 것은 아니다. 약간의 거리를 두었을 뿐이다.

사르트르에 의하면 인간은 본질적으로 '결여manque'의 존재이다. 그런 만큼 인간의 최후 목표는 신이 되고자 하는 욕망의 실현에 있다고 했다. 물론 후일 사르트르는 이를 다시 수정해서 인간의 목표란 자신의 생물학적 욕구를 물질세계와의 관계 속에서 충족시키고, 이를 통해 비존재, 즉 죽음의 나락으로 떨어지지 않는 것임을 분명히 하고 있다. 이런 목표, 특히 앞의 목표는 인간이 완전한 존재가 아니라는 사실, 유한하고 불충분한 존재라는 사실을 극명하게 보여 준다.

사르트르 역시 『지식인을 위한 변명』을 통해, 또 그 밖의 다른 저작이나 행동 등의 참여를 통해 "총제적 지식인 l'intellectuel total"이 되는 것을 겨냥하긴 했지만, 정작 그가 "완벽한 지식인l'intellectuel parfait"은 아니었다는 사실, 즉 그 역시 한 명의 결여의 존재, 불충분한 존재였다는 사실은 현실 참여 앞에서 때로는 멈칫거리는, 또 때로는 회피하고자 하는 이들에게 조그마한 변명거리가 될 수도 있을 것이다.

그럼에도 불구하고 사르트르가 평생 "지금과는 다른 세

상", "지금보다 더 나은 세상"을 향해 나아가고자 했다는 사실
만큼은 그 누구도 부인할 수 없을 것이다. 『지식인을 위한 변
명』은 어쩌면 참다운 지식인이 되어야 한다는 일념으로 자기
스스로에게 주는 충고이자 각오를 다지는 내용을 담고 있는
책이라고 할 수 있을 것 같다.

참고문헌

강충권 외, 『실존과 참여: 한국의 사르트르 수용 1948-2007』, 문학과
  지성사, 2012.

고든 (콜린), 『권력과 지식: 미셸 푸코와의 대담』, 홍성민 옮김, 나남출
  판, 1997.

드브레 (레지), 『지식인의 종말』, 강주헌 옮김, 예문, 2001.

리오타르 (장-프랑수아), 『지식인의 종언』, 이현복 엮고 옮김, 문예출
  판사, 1993.

문종현, 「68운동과 마오주의: 프랑스 마오주의 운동의 기원」, 『프랑스
  사연구』, 39, 한국프랑스사학회, 2018.

변광배, 『사르트르의 《문학이란 무엇인가》 읽기』, 세창미디어, 2016.

_____, 「'앙가주망'에서 '소수문학'으로: 사르트르, 들뢰즈·가타리
  의 문학사용법」, 『세계문학비교연구』, 56, 세계문학비교학회,
  2016.

_____, 「사르트르와 68혁명(I): 두 가지 형태의 참여」, 『프랑스학연
  구』, 85, 프랑스학회, 2018.

_____, 「사르트르와 68혁명(II): 마오주의자들과의 교류와 지식인

관의 변모」,『프랑스문화예술연구』, 73, 프랑스문화예술학회,
2020.

사르트르 (장폴),『지식인이란 무엇인가』, 박정자 옮김, 안산출판사,
1986.

___________,『지식인을 위한 변명』, 방곤 옮김, 보성출판사, 1989.

___________,『지식인을 위한 변명』, 조영훈 옮김, 한마당, 1996.

___________,『지식인을 위한 변명』, 박정태 옮김, 이학사, 2007.

사이드 (에드워드 W.),『권력과 지성인』, 전신욱·서봉섭 옮김, 창,
1996.

양아람,「1966년 장 폴 사르트르(Jean-Paul Sartre)의 일본 방문과 일
본의 사르트르 수용」,『대동문화연구』, 108, 대동문화연구원,
2019.

오리 (파스칼) & 장-프랑수아 시리넬리,『지식인의 탄생』, 한택수 옮
김, 당대, 2005.

이성재,『지식인』, 책세상, 2012.

정명환,『문학을 찾아서』, 민음사, 1994.

정명환, 장-프랑수아 시리넬리, 변광배 & 유기환,『프랑스 지식인들
과 한국전쟁』, 민음사, 2004.

트레스푸쉬-베르트로 (안나),『지식인의 부활』, 이창훈 옮김, 아셈연

구원, 2007.

허먼 (크리스), 『세계를 뒤흔든 1968』, 이수현 옮김, 책갈피, 2004.

한국프랑스철학회 엮음, 『철학, 혁명을 말하다: 68혁명 50주년』, 이학
사, 2018.

Barot (Emmanuel)(dir.), *Sartre et le marxisme*, La Dispute, 2011.

Barou (Jean-Pierre), *Sartre, le temps des révoltes*, Stock, 2006.

Barthes (Roland), *Essais critiques*, Seuil, 1964.

Beauvoir (Simone de), *La Force de l'âge*, Gallimard, coll. Folio, 1960.

________, *Tout compte fait*, Gallimard, coll. Folio, 1972.

________, *La Cérémonie des adieux* suivi de *Entretiens avec Jean-Paul
Sartre, août-septembre 1974*, Gallimard, 1981.

Berthlot (Denis), *Sartre*, Perrin, coll. Tempus, 2000.

Birchall (Ian H.), *Sartre et l'extrême gauche française. Cinquante ans de
relations tumultueuses*, La Fabrique, 2004.

Bourgault (Jean), "Sartre et le maoïsme", in *Sartre et le marxisme*, (sous la
direction d'Emmanuel Barot), La Dispute, 2011.

Cau (Jean), *Croquis de mémoire*, Julliard, 1985.

Cohen-Solal (Annie), *Sartre 1905-1980*, Gallimard, 1985.

Contat (Michel) & Michel Rybalka, *Les Ecrits de Sartre: Chronologie et bibliographie commentée*, Gallimard, 1970.

Desalmond (Paul), *Sartre s'est-il toujours trompé?*, La passe du vent, 2005.

Dictionnaire Sartre, Sous la direction de François Noudelmann et Gilles Philippe, Honoré Champion, 2004.

Dosse (François), *Histoire du structuralisme*, t. I: *Le champ du signe, 1945-1966*; t. II: *Le chant du cygne, 1967 à nos jours*, Le Livre de poche, coll. Biblio/Essais, 1995.

_______________, "Mai 1968 ou la revanche de Sartre", in *Philosophie magazine*, mise en page le 27/03/2008. http://www.philomag. com/les-ides-grands-auteurs-mai-68-ou-la-revanche-de-sartre-4423

Francis (Claude) & Fernande Gonthier, *Les Ecrits de Simone de Beauvoir*, Gallimard, 1979.

Gaudeaux (Jean-François), *Sartre, l'aventure de l'engagement*, L'Harmattan, coll. Ouverture philosophique, 2006.

Gavi (Philippe), Jean-Paul Sartre & Pierre Victor, *On a raison de se révolter*, Gallimard, coll. La France sauvage, 1974.

Hamon (Hervé) & Patrick Rotman, *Génération, 2. Les années du poudre*,

Seuil, 1998.

Hymann (Ronald), *Sartre. A Life*, Simon and Schuster, 1987.

Lallement (Bernard), *"LIBÉ", L'Œuvre impossible de Sartre*, Albin Michel, 2004.

"Les acteurs de Mai 1968", *Le Nouvel Observateur*, publié le 27 mars 2008 à 13h 09m. http://tempsreel.nouvelobs.com/societe/le-quotidien-de-1968/20080306.OBS3786/les-acteurs-de-mai-68.html

Mai 68, Archives sonores de RTL. https://www.youtube.com/watch?v=Sf9S7RE-glQ

Manceaux (Michèle), *Les Maos en France,* Gallimard, 1972.

Münster (Arno) & Jean-William Walle(dir.), *Sartre: Le philosophe, L'intellectuel et la politique*, L'Harmattan, coll. L'ouverture philosophique, 2006.

Piatier (Jacqueline), "Jean-Paul Sartre s'explique sur *Les Mots*", (interview), *Le Monde*, 1964.

Repaire (Sébastien), *Sartre et Benny Lévy: Une amitié intellectuelle, du maoïsme triomphant au crépuscule de la révolution,* L'Harmattan, coll. Questions contemporaines, 2013.

Sartre, (Un film réalisé par Alexandre Astruc et Michel Contat, texte intégral), Gallimard, 1977.

Sartre (Jean-Paul), *L'Etre et le néant: Essai d'ontologie phénoméno-logique,* Gallimard, coll. Bibliothèque des idées, 1943.

——————————, *Situations, I,* Gallimard, 1947.

——————————, *Situations, II,* Gallilard, 1948.

——————————, *Critique de la raison dialectique,* (précédé de *Questions de méthode*), t. I: *Théorie des ensembles pratiques*, Gallimard, coll. Bibliothèque de philosophie, 1960.

——————————, *Situations, VIII,* Gallilard, 1972.

——————————, *Situations, IX,* Gallimard, 1972.

——————————, *Situations, X,* Gallimard, 1976.

——————————, *Les Mots, Les Mots et les autres ecrits autobiogra-phiques,* Gallimard, coll. Pléiade, 2010.

——————————, *Plaidoyer pour les intellectuels*, Gallimard, coll. Folio/ Essais, 2020(Préface de Gérard Noiriel).

Sirinelli (Jean-François), *Deux intellectuels dans le siècle, Sartre et Aron,* Fayard, coll. Pour une histoire du XXe siècle, 1995.

Tomiko (Asabuki), *Vingt-huit jours au Japon avec Jean-Paul Sartre et Simone de Beauvoir. Beauvoir et les femmes japonaises* (*18 septembre-16 octobre 1966*), L'Asiathèque-Maison des langues du monde, 1996.(朝吹登水子, 『サルトル, ボーヴォワールとの28日間-日本』, 同明舎出版, 1991.)

Towarnick (F. de), "Quand Sartre découvrit Husserl et Heidegger", *Magazine ittéraire*, n° 320, avril 1994.

Winock (Michel), *Le Siècle des intellectuels,* Seuil, coll. Points, 1999.

Wolin (Richard), "Le moment maoïste parfait de Sartre", *L'Homme & la Société,* L'Harmattan, n° 187-188, 2013.

사르트르의
『지식인을 위한 변명』
읽기

세창명저산책

세창명저산책은 현대 지성과 사상을 형성한 명저를 우리 지식인들의 손으로 풀어 쓴 해설서입니다.

001 들뢰즈의 『니체와 철학』 읽기·박찬국
002 칸트의 『판단력비판』 읽기·김광명
003 칸트의 『순수이성비판』 읽기·서정욱
004 에리히 프롬의 『소유냐 존재냐』 읽기·박찬국
005 랑시에르의 『무지한 스승』 읽기·주형일
006 『한비자』 읽기·황준연
007 칼 바르트의 『교회 교의학』 읽기·최종호
008 『논어』 읽기·박삼수
009 이오네스코의 『대머리 여가수』 읽기·김찬자
010 『만엽집』 읽기·강용자
011 미셸 푸코의
　　『안전, 영토, 인구』 읽기·강미라
012 애덤 스미스의 『국부론』 읽기·이성규
013 하이데거의 『존재와 시간』 읽기·박찬국
014 정약용의 『목민심서』 읽기·김봉남
015 이율곡의 『격몽요결』 읽기·이동인
016 『맹자』 읽기·김세환
017 쇼펜하우어의
　　『의지와 표상으로서의 세계』 읽기·김 진
018 『묵자』 읽기·박문현
019 토마스 아퀴나스의 『신학대전』 읽기·양명수
020 하이데거의
　　『형이상학이란 무엇인가』 읽기·김종엽
021 원효의 『금강삼매경론』 읽기·박태원
022 칸트의 『도덕형이상학 정초』 읽기·박찬구
023 왕양명의 『전습록』 읽기·김세정
024 『금강경』·『반야심경』 읽기·최기표
025 아우구스티누스의 『고백록』 읽기·문시영

026 네그리·하트의
　　『제국』·『다중』·『공통체』 읽기·윤수종
027 루쉰의 『아큐정전』 읽기·고점복
028 칼 포퍼의 『열린사회와 그 적들』 읽기·이한구
029 헤르만 헤세의 『유리알 유희』 읽기·김선형
030 칼 융의 『심리학과 종교』 읽기·김성민
031 존 롤즈의 『정의론』 읽기·홍성우
032 아우구스티누스의 『삼위일체론』 읽기·문시영
033 『베다』 읽기·이정호
034 제임스 조이스의
　　『젊은 예술가의 초상』 읽기·박윤기
035 사르트르의 『구토』 읽기·장근상
036 자크 라캉의 『세미나』 읽기·강응섭
037 칼 야스퍼스의
　　『위대한 철학자들』 읽기·정영도
038 바움가르텐의 『미학』 읽기·박민수
039 마르쿠제의 『일차원적 인간』 읽기·임채광
040 메를로-퐁티의 『지각현상학』 읽기·류의근
041 루소의 『에밀』 읽기·이기범
042 하버마스의
　　『공론장의 구조변동』 읽기·하상복
043 미셸 푸코의 『지식의 고고학』 읽기·허 경
044 칼 야스퍼스의 『니체와 기독교』 읽기·정영도
045 니체의 『도덕의 계보』 읽기·강용수
046 사르트르의
　　『문학이란 무엇인가』 읽기·변광배
047 『대학』 읽기·정해왕
048 『중용』 읽기·정해왕

049 하이데거의
　　『"신은 죽었다"는 니체의 말』 읽기·박찬국
050 스피노자의 『신학정치론』 읽기·최형익
051 폴 리쾨르의 『해석의 갈등』 읽기·양명수
052 『삼국사기』 읽기·이강래
053 『주역』 읽기·임형석
054 키르케고르의
　　『이것이냐 저것이냐』 읽기·이명곤
055 레비나스의
　　『존재와 다르게 - 본질의 저편』 읽기·김연숙
056 헤겔의 『정신현상학』 읽기·정미라
057 피터 싱어의 『실천윤리학』 읽기·김성동
058 칼뱅의 『기독교 강요』 읽기·박찬호
059 박경리의 『토지』 읽기·최유찬
060 미셸 푸코의 『광기의 역사』 읽기·허 경
061 보드리야르의 『소비의 사회』 읽기·배영달
062 셰익스피어의 『햄릿』 읽기·백승진
063 앨빈 토플러의 『제3의 물결』 읽기·조희원
064 질 들뢰즈의 『감각의 논리』 읽기·최영송
065 데리다의 『마르크스의 유령들』 읽기·김보현
066 테야르 드 샤르댕의
　　『인간현상』 읽기·김성동
067 스피노자의 『윤리학』 읽기·서정욱
068 마르크스의 『자본론』 읽기·최형익
069 가르시아 마르께스의
　　『백년의 고독』 읽기·조구호
070 프로이트의
　　『정신분석 입문 강의』 읽기·배학수
071 프로이트의 『꿈의 해석』 읽기·이경희
072 토머스 쿤의
　　『과학혁명의 구조』 읽기·곽영직
073 토마스 만의 『마법의 산』 읽기·윤순식
074 진수의 『삼국지』
　　나관중의 『삼국연의』 읽기·정지호

075 에리히 프롬의 『건전한 사회』 읽기·최흥순
076 아리스토텔레스의 『정치학』 읽기·주광순
077 이순신의 『난중일기』 읽기·김경수
078 질 들뢰즈의 『마조히즘』 읽기·조현수
079 『열국지』 읽기·최용철
080 소쉬르의 『일반언어학 강의』 읽기·김성도
081 『순자』 읽기·김철운
082 미셸 푸코의 『임상의학의 탄생』 읽기·허 경
083 세르반테스의 『돈키호테』 읽기·박 철
084 미셸 푸코의 『감시와 처벌』 읽기·심재원
085 포이어바흐의 『기독교의 본질』 읽기·양대종
086 칼 세이건의 『코스모스』 읽기·곽영직
087 『삼국유사』 읽기·최광식
088 호르크하이머와 아도르노의
　　『계몽의 변증법』 읽기·문병호
089 스티븐 호킹의 『시간의 역사』 읽기·곽영직
090 에리히 프롬의
　　『자유로부터의 도피』 읽기·임채광
091 마르크스의 『경제학-철학 초고』 읽기·김 현
092 한나 아렌트의
　　『예루살렘의 아이히만』 읽기·윤은주
093 미셸 푸코의 『말과 사물』 읽기·심재원
094 하버마스의
　　『의사소통 행위 이론』 읽기·하상복
095 기든스의 『제3의 길』 읽기·정태석
096 주디스 버틀러의
　　『젠더 허물기』 읽기·조현준
097 후설의 『데카르트적 성찰』 읽기·박인철
098 들뢰즈와 가타리의
　　『천 개의 고원』 「서론: 리좀」 읽기·조광제
099 레비스트로스의 『슬픈 열대』 읽기·김성도
100 에리히 프롬의 『사랑의 기술』 읽기·박찬국
101 괴테의 『파우스트』 읽기·안삼환
102 『도덕경』 읽기·김진근

103 하이젠베르크의
『부분과 전체』 읽기·곽영직

104 『홍루몽』 읽기·최용철

105 키르케고르의
『죽음에 이르는 병』 읽기·최용철

106 미르치아 엘리아데의
『성과 속』 읽기·신호재

107 하이데거의
『칸트와 형이상학의 문제』 읽기·설 민

108 칼 슈미트의 『대지의 노모스:
유럽 공법의 국제법』 읽기·최형익

109 니체의 『안티크리스트』 읽기·신호재

110 누스바움의
『타인에 대한 연민』 읽기·신은화

111 프루스트의
『잃어버린 시간을 찾아서』 읽기·유예진

112 발터 벤야민의
「역사의 개념에 대하여」 읽기·박상희

113 사르트르의
『지식인을 위한 변명』 읽기·변광배

· 세창명저산책은 계속 이어집니다.